GottesdienstPraxis
Serie A

Arbeitshilfen für die Gestaltung
der Gottesdienste im Kirchenjahr

Herausgegeben von Erhard Domay

Gütersloher Verlagshaus

GottesdienstPraxis

I. Perikopenreihe

Band 1: 1. Sonntag im Advent bis
3. Sonntag nach Epiphanias

Gütersloher Verlagshaus

Die Deutsche Bibliothek – CIP-Einheitsaufnahme

Gottesdienstpraxis. – Gütersloh : Gütersloher Verl.-Haus.

Ser. A, Arbeitshilfen für die Gestaltung
der Gottesdienste im Kirchenjahr
Perikopenreihe 1 / hrsg. von Erhard Domay

Bd. 1 1. Sonntag im Advent bis 4. Sonntag nach Epiphanias – 2002
ISBN 3-579-03135-X

Umwelthinweis:
Dieses Buch wurde auf chlorfrei gebleichtem und alterungsbeständigem Papier gedruckt. Die vor Verschmutzung schützende Einschrumpffolie ist aus umweltschonender und recyclingfähiger PE-Folie.

Trotz intensiver Bemühungen war es leider nicht in allen Fällen möglich, den jeweiligen Rechtsinhaber (Bildmaterial/Text) ausfindig zu machen. Für Hinweise ist der Verlag dankbar. Rechtsansprüche bleiben gewahrt.

ISBN 3-579-03135-X

Umschlagentwurf: Finken & Bumiller, Stuttgart, unter Verwendung des Aquarelles No. XXV von Francesco Clemente, aus: CVIII. Watercolours Adayar 1985, © 1987 Öffentliche Kunstsammlung Basel.
Satz: Fotosetzerei Steggemann, Bad Salzuflen
Druck und Bindung: Těšínska Tiskárna AG Česky Tešín
Printed in Czech Republic

www.gtvh.de

Inhalt

1. Sonntag im Advent
Das Evangelium nach Matthäus 21,1-9

Susanne Schildkecht

Exegetisch-homiletische Skizze

Jesus ist auf dem Weg nach Jerusalem, dem Weg zur Herrschaft und zum Kreuz. Diese Ambivalenz macht den Text lebendig – die Offenbarung seiner Macht und seiner Ohnmacht steht bevor. Mit dem Einzug in Jerusalem beginnt ein neuer Abschnitt seiner Geschichte: Jerusalem, die Stadt Gottes, aber auch die Stadt seiner Gegner, die Stadt, in der Jesus sterben muss.
Zum letzten Mal betritt er sie – und das wird gebührend gestaltet: Der ganze Weg nach Jerusalem war gespickt mit Erweisen seiner Macht: Noch direkt vor dieser Perikope heilt er die Blinden von Jericho, die ihn Sohn Davids nennen. Er nimmt diesen Namen an, bestätigt damit seinen messianischen Anspruch, gegen die Argumente derer, die ihm diesen Namen nicht geben wollen. Er gibt den Blinden das Sehen und lenkt damit die Gedanken der Menschen, die um ihn sind, zu der Frage, ob er der erwartete Messias sei.
Im Zentrum des 21. Kapitels steht die Begegnung Jesu mit dem Volk: außerhalb der Stadt bereitet es ihm einen triumphalen Empfang: Er wird gefeiert: als Messias und Davidssohn. Mt hat schon am Anfang seines Evangeliums den Anspruch Jesu auf die Davidssohnschaft geklärt: Er lässt ihn von Josef adoptieren – macht aus dem theologischen Anspruch einen genealogischen. Dass der erwartete Messias als Davidssohn bezeichnet wurde, entsprach rabbinischen Texten aus der Zeit des Mt und damit auch den Erwartungen seiner judenchristlichen Leserschaft. Aber dann erzählt er ihnen eine Geschichte, die ganz und gar nicht zu den jüdischen Erwartungen passt: Er redet nicht von Befreiungsschlachten und Kriegen, sondern von Heilungen und Liebe. Der Davidssohn des Mt verhält sich anders als erwartet. Vielleicht war deshalb der genealogische

Anspruch so wichtig. Die Jesusgeschichte verfremdet die Davidssohnerwartung: Immer wieder wird Jesus so genannt, im Zusammenhang mit Heilungen oder Wundern. Merken sollen die Menschen: Er ist ein Davidssohn, dem es um die kleinen Leute geht; er befreit sie von Krankheit, von existenzieller Not, von Ängsten und Einsamkeit. Gerade von den Notleidenden wird er als Messias und Davidssohn erkannt, nicht von den religiösen oder politischen Führern des Volkes. Aber gerade so ist er der erwartete Messias, der Davidssohn. Es geht ihm um das Heil des Volkes Gottes. Allerdings findet in den Vorstellungen eine Verschiebung von der politischen auf die menschliche Ebene statt.

Kurz vor Jerusalem, bei Bethanien, auf dem Kamm des Ölbergs, dem Tempel gegenüber, macht er Halt. Eine gute Ausgangsposition: Von hier aus inszeniert er seinen Einzug in die heilige Stadt; denn er geht nicht einfach hinein, er zieht ein, wie ja auch der Name unter dem die sorgfältig komponierte Perikope bekannt ist, zu verstehen gibt. Hier wird nichts dem Zufall überlassen: Dieser Einzug hat neben dramatischen Effekten eine klare theologische Aussage. Dass er vom Ölberg aus einzieht, wird nämlich vom zweiten Erlöser Israels gesagt, auf den sich auch Sacharja 9,9 bezieht. Als Jesus die Stadt zum letzten Mal betritt, geschieht das nicht unauffällig zu Fuß, sondern bewusst inszeniert. Hier wird ein Anspruch dokumentiert.

Er will reiten – und sendet zwei Jünger los, ihm einen Esel zu holen (und ein Fohlen), der ihm zur Verfügung stehen wird, wenn die Jünger sagen: Der Herr bedarf ihrer. Und es erscheint wie ein Wunder, dass sich alles so findet, wie er es ansagt. Dieser Jesus ist der Herr, er kann verfügen, und wer das versteht, widersetzt sich ihm nicht. Denn er hat Vollmacht, Menschen zu bewegen. Ein gutes Wissen für die geängstete Gemeinde des Mt. Der Evangelist gestaltet seine Schilderung in genauem Bezug auf Sacharja 9,9, einer Ankündigung des messianischen Königs: ein König nach dem Geschmack des Mt und sicher auch nach dem Jesu. In bewusster Abänderung der markinischen Vorlage fügt er hier das Zitat aus Sacharja ein. Dieser König kommt auf einem Esel (und dass Mt in seiner Übertragung des Sacharja-Zitates vorstellt, Jesus sitze hier gleichzeitig auf beiden Tieren, ohne sich darum zu scheren, wie das konkret zu bewerkstelligen sei, zeigt nur, wie sehr es ihm darum zu tun war, Jesus als die Erfüllung der alten Weissagung zu etablieren). Er kommt nicht als Mann der Gewalt, nicht in Pomp und Prunk, sondern arm und friedlich.

Er stellt sich nicht als streitbarer Verteidiger des Volkes dar und trotzdem mit dem vollen Anspruch auf sein Königsrecht. Das verstehen die Leute: Als wenn sie einen König auf dem Weg zu seinem Thron begleiten, gestalten sie seinen Weg: Sie legen ihre Kleider auf die Tiere, auf den Weg und schneiden Zweige von den Bäumen, um ihn zu ehren. Waren es vorher Einzelne, die ihn als messianischen König, Davidssohn, erkannten, wird er nun öffentlich gefeiert und wehrt das nicht ab. Er reitet mitten im Zug: vor ihm und hinter ihm Menschen, die ihn bejubeln. Er ist der Sohn Davids, der im Namen Gottes kommt, weil Gott selbst ihn gesandt hat.
Hosianna, die alte Segensbitte aus dem 118. Psalm, der eine Tempelintroitusliturgie enthält, ruft Gottes Hilfe auf ihn herab: Der Pilger, der Gott bekennt und zum Tempel kommt, soll gesegnet sein. Hier ist klar, der Kommende ist der, der auf einem Esel einzieht. Es sind seine Anhänger, die davon träumen, den Messias zu sehen, die ihn Davidssohn nennen, vielleicht auch auf eine Erfüllung ihrer politischen Wünsche hoffen – nur kurze Zeit später wird deutlich, dass Jesus diese Hoffnungen nicht erfüllt, im Geschehen der Kreuzigung, werden viele menschliche Träume vom Davidssohn begraben, zeigt sich Gottes Hilfe anders, als heute beim Einzug noch erhofft. In der Nähe des Einzugs häuft sich der Gebrauch des Titels Davidssohn. Und es sind immer wieder die Unmündigen, Kleinen, Blinden, die ihn als Propheten erkennen, die spüren, dass er Gottes Geschenk für sie ist. Dem stehen kurz danach bedrohlich die Hohenpriester gegenüber (Mt 21,14 ff.). Sie lassen sich nicht auf diesen Davidssohn ein, sehen mit Argwohn auf seine Verwurzelung in den Herzen des Volkes. Das will Matthäus seiner Gemeinde immer wieder sagen: Der Messias ist einer, der den kleinen Leuten hilft, sie heilt. Die Mächtigen erkennen das nicht, deshalb haben es die Kleinen oft so schwer, aber sie stehen eigentlich auf der richtigen Seite.
An zwei Tagen im Kirchenjahr ist dieser Text verankert; im Bewusstsein vieler Gemeindeglieder weniger als Predigttext am 1. Advent als am Palmsonntag. Die Verbindung, Advent als Bußzeit, wird herzustellen sein: vielleicht über den Gedanken, dass Jesus an der Seite der Kleinen stand (weil er es so wollte und demonstrierte) und uns einlädt, es genauso zu tun, oder mit der Eröffnung der Aktion Brot für die Welt, oder mit dem Anfang des neuen Kirchenjahres – und guten Vorsätzen dafür. Unsere Kirchen erlebe ich weniger als Ort der Kleinen, aber auch nicht als

Ort der Großen: eher dazwischen, bewegt von der Frage: Wollen wir die Kleinen, wollen wir Jesus reinlassen? Daher wähle ich für die Predigt die Perspektive eines Torwächters, der mit Misstrauen schaut, was vor der Stadt geschieht; sein Auftrag ist: zu beobachten, was sich tut. Er überlegt: Wollen wir ihn reinlassen? Den Unruhestifter, der unsere Gemütlichkeiten in Frage stellt? Wollen wir milde etwas für die Kleinen dieser Welt tun? Oder wollen wir mitten unter ihnen sein, zu ihnen gehören?

Predigtidee

Auf gutem Fuß mit den Kleinen dieser Welt. – Wollen wir ihn reinlassen?

Predigtthema

Jesus kommt mit den Armen. Wenn wir sie nicht aufnehmen, schließen wir auch Jesus aus.

Vorschläge zur Liturgie

Eingangsvotum

Lasst uns miteinander feiern im Namen Gottes. Wir wollen Gott einladen, zu uns zu kommen. Wir öffnen die Türen unserer Kirche, wir öffnen unsere Herzen und bitten: Komm zu uns, Jesus Christus mit deinem Heiligen Geist.

Psalm 24,7–10

Vers 7 wird mehrmals gelesen, dazwischen sprechen Mitglieder der Gemeinde Texte, mit denen sie sagen, wie denn der »König« aussehen solle, dem sie die Tore öffnen würden (die Frage kann in der Vorwoche in den Gruppen gestellt werden). Dann wird das Ende des Psalms gelesen.

Eingangsgebet

Du kommst zu uns, das feiern wir im Advent. Wir haben festlich geschmückt, die erste Kerze ist entzündet. Es ist schön hier, heute Morgen.

Wir warten auf dich und bitten: Komm zu uns! Zieh auch in unsere Herzen ein, und lass das Licht auch in uns hell scheinen.

Sündenbekenntnis

Wir laden dich ein, Gott. Bereite uns darauf vor, dich aufzunehmen. Wenn du kommst, kommst du nicht allein, du bringst die mit, die du liebst.
Weil wir wissen, dass wir nicht immer offen sind für dich und die Deinen bitten wir: Herr, erbarme dich.
Weil wir uns ungern von dir stören lassen, wenn wir es gerade so schön gemütlich haben, bitten wir: Christus erbarme dich.
Weil wir oft ängstlich sind und ohne Mut für die Zukunft, bitten wir: Herr, erbarme dich.

Gloria

Wir können leben lernen mit unseren Ängsten, sie mit Christus selbst teilen, und ihn einlassen, denn er sagt: Ich bin die Tür; wenn jemand durch mich hineingeht, wird er selig werden. (Joh 10,9)

Fürbitten

Gott, du willst in unserer Mitte sein, wenn wir uns öffnen für deine Nähe.
So bitten wir dich heute: Öffne unsere Herzen weit, damit wir dich und die, die du liebst, bei uns einlassen.
Wir bitten dich für die Menschen, die auch in diesem Advent einsam sind: Lass ihnen Menschen begegnen, die ihnen Gemeinschaft anbieten.
Wir bitten dich für diejenigen, die unter Krankheiten und Ängsten leiden: Lass ihnen Menschen begegnen, die ihnen Hilfe geben können.
Wir bitten dich für die Opfer der Kriege, die Flüchtlinge und ihre überforderten Helfer und Helferinnen: Lass ihnen wirksame Unterstützung zuteil werden.
Wir bitten dich für die Mächtigen und Einflussreichen dieser Erde: Gib ihnen Augenmaß und Verantwortung und Liebe zu den Menschen.
Für uns alle und unsere Gemeinde bitten wir dich: Lass uns offen sein für alle, die uns brauchen, lass uns füreinander da sein, lass uns immer mehr zu den Menschen werden, als die du uns gedacht hast.

Lesung Lk 1,67–79

Lieder

Jesus zieht in Jerusalem ein EG 314; Macht hoch die Tür EG 1; Tochter Zion EG 13; Wir sagen euch an den lieben Advent EG 17; Tragt in die Welt nun ein Licht EG 538; Licht der Liebe, Liederheft für den Kindergottesdienst 1; Wer traurig ist, wird wieder froh, Liederheft für den Kindergottesdienst/2,17

Segen

Gott segne uns und behüte uns
Gott gebe uns den Glauben, der uns Mut macht
Gott gebe uns die Liebe, die uns offen hält,
Gott gebe uns die Hoffnung, dass wir ihn immer wieder neu einladen:
Komm zu uns.

Vorschlag zur Predigt

Der Predigtanfang ist so gestaltet, dass er in ein szenisches Spiel umgestaltet werden kann: eine Live-Übertragung vom Stadttor oder eine Reportage vom Jerusalemer Tagesspiegel – oder am Familientisch des Torwärters.

Möglicher Anfang

»Achtet bitte heute besonders darauf, wer in die Stadt hinein will: Kurz vor dem Passahfest versuchen sicher wieder alle möglichen dubiosen Gestalten, die Stadt zu betreten und die Vorbereitungen auf das Fest zu stören. Sie wollen Unruhe in die Stadt bringen. Unseren Anspruch auf ein schönes Fest akzeptieren sie nicht. Es gäbe Wichtigeres als ein schönes Familienfest, meinen sie. Darum müssen wir Bescheid wissen, damit wir entsprechend eingreifen und entscheiden können. Wenn ihr einen solchen potentiellen Unruhestifter entdeckt, gebt uns sofort Bescheid, damit wir überlegen können ob wir ihn einlassen!« Diese Anweisung erhielten wir Obertorwächter von Jerusalem heute Morgen bei Dienstbeginn alle miteinander. Und mich nahm der Leiter unserer Gruppe dann noch besonders zur Seite: »Am Tor gegenüber dem Ölberg ist besondere Wachsamkeit angesagt!«, fuhr er fort: »an einem solchen Fest wie Passah, wo viele Fremde die Stadt betreten, suchen manche die Gelegenheit, Unfrieden zu stiften – gegen uns und die Römer. Aber wir wollen das nicht! Inzwischen haben wir uns gut miteinander arrangiert!

So ist nun einmal die Realität! Aber manche wollen das nicht akzeptieren! Sie hoffen darauf, dass Gott seinen Gesalbten, den Messias, den Davidssohn in die Stadt sendet, der dann die Römer besiegt und aus dem Land treibt. Und es gibt die alte Weissagung, dass der vom Ölberg aus nach Jerusalem einzieht. Ich muss mich auf euch verlassen können!« Das schärfte ich meinen Leuten ein: Ich bin stolz darauf, dass sie sich auf mich verlassen! Dafür habe ich auch lange gearbeitet. Ich lebe von dem Geld, das sie mir zahlen. Damit ernähre ich meine Familie. Es geht uns gut! Und das soll auch so bleiben. Ich werde jedenfalls gut aufpassen und meine Pflicht tun! Ich werde meinen Eingang sichern. Aber bisher war alles ganz ruhig.
(Er reckt den Kopf etwas, als wolle er genauer hören – kleine Pause)
Allerdings scheint sich das gerade zu ändern: Ich höre Gesang! Da nähert sich eine Pilgergruppe; das werde ich im Auge behalten: »Hosianna« singen sie, na das ist harmlos: die alte Pilgerbitte: Gott soll sie segnen – diejenigen, die da kommen und seinen Namen anrufen. Segnen soll er sie und helfen. Na, das wird sicher geschehen, wenn sie den schönen Gottesdienst miterleben: Im Tempel, da singen sie dieselben Worte, wenn die Priester einziehen in ihren schönen Gewändern. Dann hat man das Gefühl, dass die so nahe bei Gott sind, wie nur irgend möglich, wenn alle singen: Hosianna, gepriesen sei, der da kommt, im Namen des Herrn. Das ist so feierlich, das tröstet sie sicher wieder über eine lange Zeit hinweg. – Aber ich höre da auch ein anderes Wort: Hosianna dem Sohne Davids singen sie! Das ist doch eines der gefährlichen Worte: Sohn Davids! Davidssohn: Meinen sie damit einen Bestimmten? Denken sie daran, dass Gott einen Mann sendet, der die Römer mit Gewalt aus dem Land verjagt? Wollen sie den Frieden, na ja, nicht direkt den Frieden, aber das Miteinander-Auskommen stören? (Er reckt sich noch einmal etwas.) Sie sehen jedenfalls nicht gerade wie wohlhabende Pilger aus! Eher ärmlich, bunt durcheinander gemixt: Männer, Frauen und Kinder. Sie haben Zweige in der Hand; sie jubeln jemandem zu. Immer wieder höre ich sie rufen: Hosianna, dem Sohne Davids! Es sind unglaublich viele Menschen! Immer mehr von ihnen ziehen ihre Obergewänder aus! Was haben sie vor? Sie legen sie auf den Weg. Zweige schneiden sie von den Bäumen. Sie streuen sie auf den Weg; wie ein Teppich sieht es aus. Und er reitet darauf, als ob ein König in die Stadt einziehen will. Und immer wieder höre ich: Hosianna dem Davidssohn.

Wirklich, es sieht ganz so aus, als glaubten sie, da sei ein König unterwegs, einer, den Gott selbst gesandt hat! Jetzt sehe ich auch, wen die da so feiern: ein einzelner Mann mittendrin in dem Haufen: auf einem Esel! Eigenartig! Der soll König sein? König werden? Wie unsere Priester in den Tempel einziehen? Womöglich mit dem ganzen armen Volk da als Begleitung? Unmöglich! Diesen Zug werde ich jedenfalls genau im Auge behalten, dazu bin ich verpflichtet! Ich schicke erst mal jemanden los, um meinen Oberen Bescheid zu geben. Das müssen die sehen, die müssen weiter entscheiden.
Da, die Ersten kommen schon ganz nah hier vorbei: Aufgeregt sehen sie aus. Ich werde mal lauschen! Sie reden darüber, was sie erlebt haben. »Es ist, wie es der Prophet gesagt hat!« sagen sie, »Genau, wie es dort heißt: Dein König kommt zu dir sanftmütig und reitend auf einer Eselin und auf einem Füllen, dem Jungen des Lasttiers. – Das muss etwas zu bedeuten haben! – Es war wie ein Wunder: Er hat nur zwei seiner Jünger losgeschickt: Sie sollten den Esel und das Fohlen holen – aus dem Dorf, aus Bethphage. Sie sind dort angebunden, hat er gesagt: Und wenn jemand sie frage, sollten sie einfach sagen: Der Herr braucht sie! Und genauso war es: Sie haben den Esel und das Fohlen mitgebracht. Er muss große Macht haben, Gott muss mit ihm sein!« Das hört sich wirklich gefährlich an! Die sollten nicht in die Stadt und den Tempel hineinkommen. Wenigstens sollten sie genau beobachtet werden, besonders die Rädelsführer! Womöglich stecken sie auch noch andere an mit ihren wilden Gedanken!

Zum weiteren Verlauf

Die Erzählperspektive wird verlassen.

Verschließt sich Jerusalem, diesem Sohn Davids? Gottesdienste gehen weiter, feierlich und stimmungsvoll, aber eben ohne diesen Gesandten Gottes.
Sind unsere Kirchen, Häuser Gottes, offen für ihn? Die Frage für uns muss immer wieder sein: wollen wir ihn reinlassen? In unsere gut vorbereiteten Gottesdienste? In unsere Gruppenstunden? In unsere Jugendarbeit?
Denn er kommt auf uns zu – zusammen mit denen, die ihn besonders brauchen, mit den Kleinen seiner Zeit – mit den Kleinen unserer Zeit. (Hier können aktuelle Beispiele aus der eigenen Region benannt wer-

den, die vielleicht zeigen, wie schwierig es sein kann, die Tür offen zu halten, einladend zu sein, nicht mildtätig – oder wie es im Advent 2001 sicher der Fall wäre: Flüchtlingsströme aus Afghanistan). Mit ihnen nehmen wir auch ihn auf.

Mich beeindruckt, wie er mit den Armen ist: mitten unter ihnen: Er lebt mit ihnen, er isst mit ihnen, er teilt sein Leben mit ihnen. Er lebt mit ihnen Gottes Liebe zu allen seinen Kindern. Während ich dies schreibe, findet der Feldzug gegen Osama bin Laden statt: Auch er scheint eine Hoffnung mancher Armen zu sein, die sich ihm in ihrer Not und dem daraus resultierenden Hass anschließen. Ich weiß nicht, wie die Lage im Jahr 2002 sein wird, aber es kann durchaus sein, dass hier zu thematisieren wäre, dass Jesus anders für die Armen da war. Dass »Sanftmut« sein Markenzeichen war, dass er entschieden für Gerechtigkeit unter den Menschen eingetreten ist und gegen die Anwendung von Gewalt, und dass er das auch von uns erwartet. Dass wir ihn sicher in den letzten Jahren oft vor der Tür stehen ließen in unseren Kirchen bei diesem Thema. Dass wir uns nicht stören lassen wollten. Dass wir auch in der Frage von Krieg und Frieden, von Gerechtigkeit für die Menschen in aller Welt darüber hinaus kommen müssen, in Krisensituationen besondere Gottesdienste zu feiern und gute Stellungnahmen unserer Kirchenoberen zu verbreiten. Dass wir nicht einstimmen in die Rufe nach Vergeltung und Rache, sondern besonnen den Weg suchen, den wir mit Jesus an der Seite gehen können. Dass wir nicht den Mächtigen nach dem Mund reden, sondern das Wort Gottes im Sinn haben. Es wird darauf ankommen, Frieden und Gerechtigkeit zu leben, auch wenn das zuweilen unsere Gemütlichkeit stört. Und uns so darauf vorzubereiten, ihn an Weihnachten willkommen zu heißen, mit ihm zu feiern, ihn nicht draußen stehen zu lassen, damit wir es schön warm und kuschelig haben.

Möglicher Schluss

Heute, am ersten Advent beginnt das neue Kirchenjahr, und wie an Neujahr auch, könnte das eine Gelegenheit sein, Bilanz zu ziehen und Ausblick zu halten: was wollen wir, will ich im neuen Jahr: Zeit der guten Vorsätze.

Ich lade Sie heute Morgen ein, gute Vorsätze zu fassen, oder vielleicht nur einen guten Vorsatz für das neue Kirchenjahr: Jesus immer wieder

einzulassen in unsere Gemeinde, in unser Leben und mit ihm die, die er liebt.
Sie haben ein Blatt erhalten mit einer offenen Tür: Ich bitte Sie nun, Ihren eigenen Vorsatz zu fassen: Der Anfang ist schon gemacht: Ich will dich immer wieder einlassen, steht da, und mit dir deine Liebe zu ... Bei den Pünktchen, die folgen, sind Sie gebeten, Ihren persönlichen Vorsatz aufzuschreiben. Lassen Sie sich dabei nicht vorschnell leiten von der Sorge: wie soll das denn praktisch gehen? Denn ich hoffe, dass wir uns dabei gegenseitig helfen werden im neuen Kirchenjahr, gemeinsam zu überlegen: wie können wir diesen Vorsatz Wirklichkeit werden lassen. Das wäre mein Wunsch für das neue Kirchenjahr, dass wir dies in unseren Gruppen und Gottesdiensten immer wieder überlegen. Im Gespräch bleiben: wie können wir die Tür für Jesus und die, die er liebt, offen halten?

Gestaltungsidee

Die Türen unserer Kirche stehen weit offen. Auf dem Liedblatt ist eine offene Tür abgebildet, mit den Worten: Ich will dich immer wieder einlassen, und mit dir deine Liebe zu ...

Kontext

Ein Farbiger wünschte, in eine New Yorker Gemeinde aufgenommen zu werden. Der Pfarrer war reserviert.
»Tja«, sagte er, da bin ich nicht sicher, Mr. Jones, ob es unseren Gemeindegliedern recht wäre. Ich schlage vor, Sie gehen erst mal nach Hause und beten darüber und warten ab, was Ihnen der Allmächtige dazu zu sagen hat.« Einige Tage später kam Mr. Jones wieder. Er sagte: »Herr Pfarrer, ich habe Ihren Rat befolgt. Ich sprach mit dem Allmächtigen über die Sache und er sagte zu mir: »Mr. Jones, bedenke, dass es sich um eine sehr exklusive Kirche handelt. Du wirst wahrscheinlich nicht hineinkommen. Ich selbst versuche das schon seit vielen Jahren, aber bis jetzt ist es mir noch nicht gelungen.«
Aus: H. L. Gee, Wer einen seiner geringsten ausschließt ..., aus: ders., Fivehundret Tales to tell again, Gee & Co Ltd., London 1955

2. Sonntag im Advent
Das Evangelium nach Lukas 21,25-33

Heinz-Martin Krauß

Exegetisch-homiletische Skizze

Lukas 21,25–33 ist Teil der zweiten Rede über die Endzeit (21,5–36). Er legt hier wie auch in der ersten Rede (17,22–37) Markus 13 zugrunde. Auch Matthäus nimmt Mk 13 auf und verbindet es mit Material aus der Logienquelle und seinem Sondergut in Kapitel 24–25.

Wir stehen mit dem Predigttext also mitten im Thema der Apokalypse. Zwei entführte Flugzeuge schlagen in New York ins World Trade Center ein. Ich bekomme beim Lesen von Lukas diese Bilder einfach nicht aus dem Kopf, sie sind wie eingebrannt. Doch die Lektüre exegetisch-homiletischer Literatur hilft, einen ungetrübteren Zugang zu diesem apokalyptischen Text zu bekommen. »Die Tatsache, dass die apokalyptische Denkweise und Erwartung wie schon bei Daniel ein Phänomen der Krisenerfahrung und Krisenbewältigung ist, zeigt sich hier sehr deutlich«, schreibt F. Hahn zu Mk 13 parr (Apokalyptik, 125 – siehe Tipps zum Text). Es geht also nicht um das Plakative »das Ende ist nah!« vieler Karikaturen – auch wenn gegenwärtige Stimmungslagen dieses nahe legen. Gerade der Blick auf die lukanische Theologie zeigt, dass sein apokalyptisches Bild alles andere als plakativ ist. Es geht nicht um das »Ende der Geschichte«, das der Publizist Francis Fukuyama proklamiert. Entscheidend ist, wie Conzelmann schreibt: »Die Krise des Kosmos (trifft) nicht die Erwählten; sie bringt ihnen im Gegenteil Befreiung.« (Die Mitte der Zeit, Tübingen ^{4}1962, 121) Auch sind die letzten Tage keineswegs ein kurzer Zeitraum, sondern die Zeit der Kirche. Die Parusie, das endgültige Heil, verzögerte sich. Der Heilige Geist wird so bei Lukas Kraft in der Verfolgung, in der Mission und im Durchhalten (Conzelmann, 87 f.). So gibt es auch in dem Gesamtzusammenhang von Kapitel 21,5–36 einen scharfen Einschnitt zwischen

V. 24 und V. 25. Für Lukas gehören die Ereignisse wie Verfolgung, Kriege und die Zerstörung Jerusalems zu der noch weitergehenden Weltgeschichte, hier wird das Evangelium verkündet, ist die »Zeit der Kirche« (Hahn, 123 f.). In dieser Zeit geht es jedoch nicht um Imitatio des Leides Christi, sondern um Nachfolge, deren konkrete Form der Zeit entsprechen muss (Conzelmann, 218).

»Eure Erlösung ist nahe« (V. 28 b) – ist sicher der Kernsatz in diesem Zusammenhang. Auch wenn die Völker (Lukas schreibt hier bewusst »ethnon«, was dem hebr. »gojim« entspricht. Gemeint sind also die Heiden, die im Gegensatz zu den Christen bestürzt und ratlos sind. Wir als Christen sollen uns aufrichten und die Häupter erheben (V. 28 a). Denn was auch passiert, die Zusage Christi, seine Worte, vergehen nicht (V. 33). »logoi« steht im Urtext – es ist also die gesamte Offenbarung Gottes in Christus gemeint. Sie bleibt gültig, egal was geschieht. Hier zeigt sich der Anknüpfungspunkt zum Kirchenjahr: 2. Advent. Die Adventszeit hat einen doppelten Charakter: einerseits die Vorbereitung und der Blick auf Weihnachten, der Geburt Christi, und der damit verbundenen Freude. Andererseits fällt der Blick besonders auch an diesem 2. Advent auf die Endzeit, das letzte Wiederkommen Christi. Deshalb ist diese Zeit ja neben dem Osterzyklus ursprünglich eine Zeit des Fastens (vgl. dazu: K.-H. Bieritz, Das Kirchenjahr, München 1991 3. Auflage).

Aber auch diese Zeit der Wiederkunft bedeutet neben dem Schrecken der Völker für die Christen, dass der Sommer nahe ist. Denn die Bäume treiben Blätter (V. 29 ff.). Das Bild des Baumes erinnert uns daran, dass es im Kern um den Glauben geht. Er kann Bäume und Berge versetzen (Lk 17,5 f.). Es geht also nach Lukas sogar ganz besonders in schrecklicher Zeit um die Erlösung. Der Schrecken ist furchtbar, und wie die Bilder der Menschen, die sich aus dem 100. Stock des World Trade Centers in die Tiefe stürzen, unauslöschbar. Aber er kann die Offenbarung Gottes nicht ungeschehen machen; seine Zusage, dass wir nicht verdammt, sondern erlöst sind. Im Gegenteil: Der Schrecken führt letztendlich dazu, dass ideologische, religiöse und nationalistische Barrieren fallen (Rius-Camps, El Exodo del Hombre Libre, Madrid 1991, 321).

Predigtthema

In dieser Spannung – Zeit von Angst und Schrecken und dem Zuspruch endgültiger Erlösung – sollte sich auch die Predigt bewegen. Wobei gerade der dunkle Aspekt nicht zu kurz kommen sollte. Der Schrecken, das »tremendum« Gottes, muss zunächst einmal ausgehalten werden. Es sollte nicht nur als Folie dienen. Die Schwere und die Unerträglichkeit dieser dunklen Seite darf nicht der adventlichen Stimmung wegen undeutlich und verkürzt werden.
»Die Nacht ist vorgedrungen« (Text von Jochen Klepper, EG 16). In diesem Lied wird die ganze Spannbreite des Predigttextes deutlich: Es ist noch Nacht, und das muss man aushalten, mit Dunkelheit und Weinen, und es wird immer wieder Nächte geben in unserem Menschenleben – aber der Morgenstern, Christus, ist schon aufgegangen. Von dorther kommt unsere Erlösung.

Predigtidee

Ich setze bei den menschlichen Ängsten vor dem Ende an. Wir fürchten uns vor den Zeichen, an denen wir abzulesen meinen, dass Himmel und Erde vergehen werden. Das nehme ich ernst. Aber der Blick auf Weihnachten, die Nähe Gottes, auf die wir schauen, und die uns verheißen wird, eröffnet die Zeit der Kirche. Das ist das Zentrum lukanischer Theologie. Hier gleitet der Blick auf die aktuellen Ereignisse der Gemeinde, um dann abzuschließen mit der Zusage, dass Gottes logos nicht vergeht, was auch immer in der Welt geschieht.

Sündenbekenntnis

Manchmal vergehen wir vor Angst,
sind bestürzt und ratlos,
deuten Unglück aus ungewissen Zeichen,
erwarten Hilfe von vergänglichen Kräften.
Wir rufen:
Herr erbarme dich!

Gnadenzusage

Dein Wort steht in Ewigkeit,
wenn auch alles andere vergeht.

Deshalb können wir uns aufrichten
und mit Zuversicht in die Zukunft schauen.

Tagesgebet

Gott in Ewigkeit,
am Anfang und am Ende stehst du
und breitest deine Arme aus.
Wir warten auf dich – doch du bist längst da.
Begleite uns und deine Kirche,
breite dein Reich aus – mit uns und für uns.
Mache uns zu deinen Zeichen,
die für einen neuen Anfang stehen.
Amen

Lesungen

Epistel: Jakobus 5,7–8
Altes Testament: Jesaja 63,15–16,19 b; 64,1–3
Psalm: 80,2–7.15–20

Fürbittengebet

Gott,
du stehst zu uns, auch wenn die Welt ins Wanken gerät.
Hilf uns, fest zu stehen,
nicht aufzuhören, wo andere die Flinte ins Korn werfen.
Hilf uns, deine Kirche zu formen,
die da ist, wenn die Not groß ist.
Sei mit denen, die sich im Strudel der Zeit,
der Anforderungen und Überforderungen nicht zurechtfinden.
Sei mit denen, die in unserer lauten Welt
nur eine leise Stimme haben.
Sei insbesondere mit den Opfern,
die unsere angeblich zivilisierte Welt immer noch fordert.
Richte die Menschen auf, die ihren Weg nicht finden.
Stärke unsere Hoffnung darauf,
dass deine Zukunft uns Erlösung bringt.

Liedvorschläge

Ihr lieben Christen, freut euch nun EG 6 (Wochenlied); O Heiland reiß die Himmel auf EG 7 (Die erste Strophe eignet sich auch auch als Antwort der Gemeinde bei den Fürbitten); Die Nacht ist vorgedrungen EG 16; Seht die gute Zeit ist nah EG 18; Wir warten dein, o Gottes Sohn EG 152

Vorschlag zur Predigt

Möglicher Anfang

Beim Hören des Predigttextes bleiben die Bilder des Schreckens hängen: Es gibt Zeichen am Himmel von Sonne, Mond und Sternen. Auf der Erde werden die Völker bestürzt und ratlos sein. Die Angst geht um, in der Erwartung der Dinge, die über die Erde kommen.

Angst und Schrecken – bestürzte und ratlose Völker, das können wir leicht mit Beispielen füllen. Vulkanausbrüche, Erdbeben, Überschwemmungen, nukleare Unfälle, Kriege – das ist »Apocalypse now«, wie Francis Ford Coppola seinen Film über den Vietnamkrieg betitelte. Und jetzt die internationale Bedrohung von rücksichtslosen Terroristen, denen Menschenleben nichts gilt und die auch im Herzen der angeblich so starken Nationen zuschlagen können. Bilder von entführten Flugzeugen, die ins World Trade Center und ins Pentagon einschlagen, sind unauslöschlich eingebrannt. Kräfte werden entfesselt, die zu einer Eskalation führen können, die kein Mensch mehr kontrollieren kann. Die Angst geht um. Angst davor, dass wir am Ende der Geschichte angelangt sein könnten. Angst davor, dass sich alles verändern wird. Angst davor, dass wir das verlieren könnten, woran unser Herz hängt.

»This is the end, this is the end, my friend«, haben die Doors gesungen. Was ist wohl in den Menschen vorgegangen, als sie gesehen haben, dass 50 Stockwerke unter ihnen ein Flugzeug eingeschlagen hat? Der Weg versperrt, Feuer und Rauch überall, keine Rettung in Sicht – und der Turm ächzt in seinen Grundfesten, wankt, und alles stürzt in sich zusammen. Wie viel furchtbare Schicksale hat es da wohl gegeben – tausende von Menschen verbrannt, zerquetscht, erstickt, verblutet.

Aber oft braucht man gar nicht so weit zu schauen – die kleinen Apokalypsen sind für die, die sie betreffen mindestens ebenso tragisch. Ein

Kind stirbt, eine Ehe geht auseinander, ein schwerer Unfall bricht ins Leben ein. Kartentürme stürzen zusammen. Dunkelheit umgibt uns. Auch weniger dramatische Ereignisse können uns an den Rand dessen bringen, was wir ertragen können. Ziele, die wir uns gesteckt haben, rücken in unerreichbare Ferne. Statt Leiter der Abteilung zu werden, bleibt man an einer untergeordneten Tätigkeit hängen. Zu alt, um mit den neuen Mitarbeitern mitzuhalten, der Traum vom eigenen Häuschen verpufft. Der alte Wagen muss noch ein paar Jahre länger halten ...
Das Leben wird zu einem Alptraum. Die Zukunft ist ungewiss – was da kommt, scheint nur noch abwärts zu gehen. Wir werden alt, die Kräfte lassen nach, wir haben den Kampf um einen Platz in der ersten Reihe verloren. Den Kopf gesenkt gehen wir den Lebensweg weiter. Es kann nur noch schlechter werden.
Aber einen Moment: Heute haben wir die zweite Kerze am Adventskranz angezündet. Wandert unser Blick nicht hin zum Weihnachtsfest, zum Heiligen Abend, an dem uns eine neue Hoffnung geboren wird, an dem uns Gott in Christus so nahe kommt?
Doch Lukas richtet unsere Aufmerksamkeit am 2. Advent auf eine andere Ankunft Gottes. Die Ankunft am Ende aller Zeiten. Dieser Ankunft geht viel Dunkelheit voraus. Aus dieser Dunkelheit entwickelt sich ein Gefühl größter Verunsicherung, Werte und Normen stimmen nicht mehr oder erweisen sich als hohl. Aus Orientierungslosigkeit erwächst schließlich Bestürzung, Ratlosigkeit – und bilden zusammen ein permanentes Gefühl der Angst.
Aber gerade in dieser Zeit, »wenn dies alles beginnt«, heißt es bei Lukas, dann sollen wir uns aufrichten, sollen unsere Häupter erheben – denn die Erlösung ist nahe.
Hier treffen sich die beiden Linien des Advents. Einerseits schauen wir auf Weihnachten – Gott kommt den Menschen ganz nahe. Seine Göttlichkeit erleuchtet die menschliche Gegenwart. Wir vergewissern uns jedes Jahr wieder, dass das tatsächlich geschehen ist. Wir freuen uns, dass sein Reich unter uns anbricht, sichtbar.
Andererseits heben wir den Blick von der Krippe und schauen auf das, was uns umgibt. Wir zucken zusammen und erschrecken. Aber Lukas macht einen feinen Unterschied. Es sind die »Völker«, die erschrecken. Damit sind wie im Alten Testament immer die anderen, fremden Völker gemeint. Also diejenigen, die nicht zu denen gehören, die das Licht der

Heiligen Nacht in ihr Leben scheinen lassen. Sie erschrecken, wenn plötzlich das wegbricht, was ihnen Halt und Sicherheit gegeben hat. Wenn Mächte zusammenbrechen, die als unangreifbar, ewig und heilig galten, von denen die Völker sich also das Heil erhofft haben. Wenn die mächtigste Nation der Welt beispielsweise gegen ein kleines asiatisches Volk den Krieg verliert, wie in Vietnam. Wenn die Träume enormer Börsengewinne durch eine Krise zerplatzen wie Seifenblasen. Aber auch wenn wir unser Herz an Wohlstand und Status hängen, und sich unsere Hoffnungen nicht erfüllen.

Ich kann mir nicht vorstellen, dass all dieses einen Christen nicht mit Angst und Schrecken erfüllt. Aber der Unterschied ist, dass wir die Zusage Gottes haben, dass diese Angst nicht das letzte Wort hat. Wir können immer wieder auf das Geschehen von Weihnachten schauen und davon eine Ahnung von dem bekommen, was uns am Ende der Zeiten erwartet. Da steht nämlich die Erlösung. Auch wenn die Kräfte des Himmels erschüttert werden – wir starren nicht in den Himmel (Apg 1,11), sondern gehen unseren Weg hier und jetzt – gemeinsam mit den Menschen unserer Kirche.

Zwischen den Geschehnissen der Erscheinung Gottes in Christus und der endgültigen Erlösung der Endzeit liegt die Zeit, in der wir im anbrechenden Gottesreich leben. Sein Reich bricht an bei denen, die daran glauben und zusammen die Kirche bilden. Das soll unser Leben bestimmen.

Zum weiteren Verlauf

Verknüpfung mit der konkreten Gemeindesituation, in der sich Kirche vor Ort manifestiert. Zeichen der Hoffnung im Handeln einzelner Menschen oder Gemeindegruppen, in Aktivitäten, Veranstaltungen oder Gottesdiensten. Vielleicht kann ein Beispiel, wie jemand in einer konkreten Situation bestürzt, ratlos und ängstlich gewesen ist, und durch Zuspruch oder Gemeinschaft wieder Hoffnung geschöpft hat, hier eingefügt werden.

Wichtig ist, dass auch in diesem Teil Indikativ und Imperativ, also Zuspruch und Anspruch als Grundlage gewahrt bleiben. Erst der Zuspruch löst uns aus der Erstarrung und gibt uns wieder Handlungsspielraum.

In einem Abendmahlsgottesdienst bietet sich es an, auf den Zuspruch und die Vergebung zu verweisen, die uns hier voraussetzungslos und ganz persönlich zugesprochen wird.

Möglicher Schluss

»Seht euch den Feigenbaum und die anderen Bäume an: Sobald ihr merkt, dass sie Blätter treiben, wisst ihr, dass er Sommer nahe ist.« (V. 29+30) Es gibt also Zeichen, an denen wir erkennen können, dass Gottes Reich nahe ist. Es sind manchmal nur kleine, unscheinbare Zeichen, so wie das, was wir in unserer Umgebung und in unserer Gemeinde tun und erleben. Doch an diesen Zeichen erkennen wir, dass Gottes Wort unter uns gegenwärtig ist. Was auch immer passiert, wie wir uns auch immer fühlen, was uns auch immer andere einreden wollen. Wir haben Gottes Zusage: »Himmel und Erde werden vergehen, aber meine Worte werden nicht vergehen.«

Gestaltungsidee

Im Laufe der Predigt könnten die Kerzen am Adventskranz oder auf dem Altar bei den apokalyptischen Visionen gelöscht und später, wenn es um den Zusage Gottes und die Zeit der Kirche geht, wieder angezündet werden.

Das Lied »The End« von der Gruppe The Doors könnte z. B. in Auszügen eingespielt werden und Textteile mit in die Predigt aufgenommen werden, weil es ausgezeichnet morbiden, apokalyptischen Charakter wiedergibt.

Kontexte

Die letzte Stimme, die man hört, bevor die Welt explodiert, wird die Stimme eines Experten sein, der sagt: »Das ist technisch unmöglich!«

Peter Ustinov

Schönster aller Zweifel,
wenn die verzagten Geschwächten den Kopf heben
und an die Stärke ihrer Unterdrücker nicht mehr glauben.

Bertold Brecht

Beide Zitate aus: Zitate zum Kirchenjahr 1, Göttingen 1997

Antonio Machado, Soledades LX

Mein Herz ist eingeschlafen?
Bienenschwärme meiner Träume –
arbeitet ihr nicht mehr? Ist trocken
das Schöpfrad des Denkens,
die Eimer leer,
kreisend mit Schatten voll?

Nein, mein Herz schläft nicht.
Es wacht, ja mein Herz wacht.
Es schläft nicht, es träumt nicht, es schaut,
die klaren Augen geöffnet,
entfernte Zeichen und lauscht
am Ufer des großen Schweigens.

Aus: Antologia Poetica, Ed. Salvat, 1970, 66 Übersetzung: HM Krauß

Tipps zum Text

Literaturtipp, der in den Bereich der Apokalyptik gut lesbar einführt: F. Hahn, Frühjüdische und urchristliche Apokalyptik, Neukirchen-Vluyn 1998.

Zugang für Jugendgruppen und Konfirmanden zum Thema der Predigt findet man mit dem Videoclip »Earthsong« von Michael Jackson (Themen: Umwelt, Schöpfung, Erlösergestalten, Erlösung). Aufgearbeitet in: Andreas Mertin, Videoclips im RU, Göttingen 1999.

Zum Thema Apokalypse und Erlösung sind die Filme »The Stand« nach dem Roman von Stephen King und »Apocalypse now« von Francis Ford Coppola zu empfehlen.

3. Sonntag im Advent
Das Evangelium nach Matthäus 11,2-6 (7-10)

Dorothee Münkner

Exegetisch-homiletische Skizze

Die Person des Johannes
Im Evangelium des Matthäus finden sich zahlreiche Texte über Johannes den Täufer, seine Predigt zur Buße, seinen Mut und sein grauenvolles Ende. Wer die Berichte im Zusammenhang liest, dem erschließt sich ein Bild seiner Persönlichkeit (Mt 3,11,14,16,21 vgl. auch Lk 1,3,11 und Joh 1.5). Johannes wird zur Symbolfigur, zu dem Boten des Kommenden (angelus oder Wegeengel nach Bengel) und damit für die christliche Gemeinde zur Person des Adventes. Seine Aufgabe ist es, vorzubereiten, anzukündigen und den Menschen ins Gewissen zu reden. Buß-Taufe, Buß-Predigt und Askese zeichnen ihn aus. In Johannes erfüllen sich die Weissagungen der Propheten Jesaja und Maleachi über den Messias, den Gott, der kommt, der der Christus ist. Zu Johannes gehört das Bild des Weges, auf dem der Messias empfangen werden kann und das Bild des ausgestreckten Zeigefingers, der auf Christus weist.

Die Situation des Johannes
Der Predigttext zeigt Johannes im Gefängnis. Er ist ein Todeskandidat. Es wird nicht mehr lange dauern, da wird sein Kopf der Freundin des Königs auf einem silbernen Tablett serviert werden. Johannes steht in der Spannung zwischen Leben und nahem Tod. Er konzentriert sich auf das Notwendigste. Johannes lässt Jesus fragen: Wer bist du? Er muss wissen, ob er seine Lebensaufgabe erfüllt hat. Die Frage nach dem Messias wird verschlüsselt gestellt: Bist du, der da kommen soll? (Mt 13,53; Lk 4,18) Ebenso verschlüsselt ist die Antwort mit Worten des Propheten Jesaja (61,1–3). Die Spannung zwischen Tod und Leben entspricht der zwischen Zweifel und Glauben. Johannes ist ein Fragender, einer, der

sucht und verzweifelt ist. Denn wie kann er im Gefängnis verstehen, dass Jesus Befreiung bringt?

Aspekte des Textes

Es sind die Werke, in denen sich Jesus als Messias ausweist. Der Kommende ist ein Name für den Messias-Menschensohn (Dan 7,13; Mal 3,1; Sach 14,5). Gott kommt zum Gericht. Die Armen empfangen Freudenbotschaft. Jesu Niedrigkeit kann zum Anstoß werden. Jesus geht den gleichen Weg wie Johannes. So wird die Frage verständlich: Gibt es einen, in dem Gottes eigenes Kommen Wirklichkeit wird? (Julius Schniewind: Das Evangelium nach Matthäus, Göttingen 1950.) Adolf Schlatter (Das Evangelium nach Matthäus, Berlin 1954) weist darauf hin, dass die Niedrigkeit Jesu Johannes erschüttert. Das Rätsel seines Kreuzweges war für die Jünger die große Lebensfrage. Dem stehen die Werke des Messias gegenüber. Bei Matthäus die Worte der Bergpredigt, die Krankenheilungen und die Beauftragung der Jünger. Auch wenn die Werke des Messias zu sehen und zu hören sind, bleibt der Anstoß, das Zeichen, dem widersprochen wird, der Skandal des Kreuzes. So wird die Antwort Jesu undeutlich. Sie muss von dem gegeben werden, der fragt, hört und sieht. »Sehen, was Jesus tut, und hören, was Jesus sagt, das ist der einzige Weg, der zum Glauben führt. Ein anderes Mittel, wie wir uns selbst oder andere gläubig machen könnten, gibt es nicht« (a.a.O. Seite 145). Die Haltung, in der ein solcher Glaube entsteht, ist das geduldige Warten auf die Offenbarung. Martin Doerne (»Er kommt auch noch heute«, Göttingen 1961) betont die christologische Grundbeziehung als den Kern des Predigttextes. Diese Konzentration entspricht dem Anliegen des Textes, ist aber in der Predigt schwer nachvollziehbar. Doerne verweist auf das Selbstzeugnis Jesu. Die Einheit von Wort und Tat, Predigen und Heilen gehören zum Grundbestand der biblischen Christusbotschaft. Doch ist uns die Vergegenwärtigung nicht vergönnt. Entscheidend ist, dass das Christuszeugnis in das Gespräch hineingestellt wird. Hier wird gezweifelt, gefragt und geantwortet. Ein solches Gespräch in Gang zu bringen, ist nach Doerne die Aufgabe der Predigt. Die Frage des Johannes beschreibt er als die ungelöste Frage eines Mannes, dem sein Suchen nicht Selbstzweck ist, sondern der finden will. Deshalb wird der kommende Christus gepredigt, weil wir mit dem Glauben an ihn noch nicht fertig sind.

Reiner Marquard (Calwer Predigthilfen NF Stuttgart 1990) stellt in seiner Predigthilfe die Person des Johannes in den Vordergrund. Er untersucht, in welcher Weise Johannes nach dem Kommenden fragt. »Nicht was kommt auf mich zu? Sondern wer kommt auf mich zu?« (a.a.O. Seite 30). Er beschreibt die Grundspannung, in der die Gemeinde lebt zwischen der frohen Botschaft des Evangeliums (Psalm 37,5) und der Frage: Wie soll ich dich empfangen? (EKG 10). Die Einwilligung in den Ruf Jesu fördert die »kleinen, aber getrosten, tapferen und fröhlichen Schritte« (a.a.O. Seite 31) der Menschenfreundlichkeit. Bedenkenswert ist der Hinweis von Marquard auf die erste Frage des Heidelberger Katechismus: »Was ist dein einziger Trost im Leben und im Sterben?«

Homiletische Erwägungen

Der Predigttext kommt zu uns wie eine Botschaft aus einer anderen Welt. Die religiösen Voraussetzungen des Dialogs zwischen Johannes und Jesus sind zum großen Teil weggebrochen. Wer zuhört, wird sich fragen: Wovon reden die beiden eigentlich? Aber es ist Advent. Und da scheint mir die Person des Johannes mit ihrem Schicksal eine große Predigthilfe zu sein. Advent nicht sentimental, sondern ernst zu feiern, ist die erste Herausforderung an die Predigt. Dem kommt eine Konzentration auf die Verse 2–6 entgegen. Entscheidend ist Doernes Vorschlag, ein Adventsgespräch zu führen, in dem Johannes und Jesus als Dialogpartner der hörenden Gemeinde teilhaben. Die Grundspannung zwischen freudiger Erwartung und diffuser Angst sollte thematisiert werden. In der Person des Johannes findet sich diese Grundspannung ebenso.
Zur Situation, in der diese Predigthilfe vorbereitet wird, nenne ich zwei Beispiele. Herr W., ein blinder und gelähmter alter Herr, hört am 11. September 2001 die Nachrichten im Radio. Er hört von dem Terror-Anschlag auf das World Trade Center. »Ich denke,« sagt er, »ich bin im falschen Film. Und dann, lachen Sie bitte nicht, denke ich an den Konfirmandenunterricht. Da erzählt uns der Pastor die Geschichte von einem Turmbau. Der Turm stürzt zusammen, weil er so hoch ist. Warum, haben wir den Pastor gefragt, warum ist das passiert? Gott will seine Ruhe haben, hat der Pastor damals geantwortet. Die Menschen sind ihm zu nahe gekommen. Und ich denke, jetzt ist das auch so.«
Mir gerät der Briefwechsel von Hannah Arendt und Karl Jaspers in die Hände (Serie Piper, München 2001, Briefwechsel von 1926–1969).

Durch vielfache Emigration und Ausgegrenztheit sind sie nach dem Zweiten Weltkrieg der Meinung, dass es menschenwürdige Existenz nur noch am Rande der Gesellschaft gibt. Jaspers blieb »die Hölle offen« und er meinte, im Bewusstsein zu leben, dass die Sintflut »Maßstab bleiben« muss, und dass »alles, was unsere Welt ist, ... in einem Monat weggewischt sein« kann. In dieser Situation fragen sich beide: Was zählt, worauf können wir uns verlassen? Auf welche Nationen, welche Gedanken, welche Menschen? Sie fragen nach Politik, Philosophie und Menschlichkeit. Es ist nach ihrem Verständnis ein Briefwechsel von Arche zu Arche. (Aus dem Vorwort: a.a.O. Seite 18). Ein Adventsgespräch über Matthäus 11 sollte an diesem Maßstab gemessen werden: Johannes und Jesus, ein Gespräch von Arche zu Arche.
Der dritte Advent beschreibt den Weg Gottes zu den Menschen als Trost und als Ruf zur Umkehr. Gottes Geheimnisse sind angemessen zu verwalten und die Gemeinde nicht im Unklaren zu lassen, welche Aufgaben der Einzelne hat. Es ist ein Sonntag der Wegbereitung durch die Ermahnung zur Buße und der Wegbegleitung durch das Kommen Gottes zum Trost und zum Heil der Menschen. Jes 40 hat hier ebenso seinen Platz wie Offb 3,1–6: »Du hast den Namen, dass du lebst, aber du bist tot.« Die Vorbereitung auf das Kommen Gottes in Christus ist der Weckruf in der ernsten Zeit. Wie ein Nachhall der Seligpreisungen liest sich Mt 11,6: »Selig ist, wer sich nicht an mir ärgert.«

Predigtidee

Wer kommt auf uns zu?

Predigtthema

Advent – Eine Begegnung mit Hindernissen.

Vorschläge zur Liturgie

Wochenspruch: Jes 40,3.10; Ps 23; Ps 25

Lesungen: Jes 40,1–11; 1 Kor 4,1–5

Psalm 146 in der Übertragung von Arnold Stadler aus: »Die Menschen lügen. Alle.« Insel Verlag 1999

Lieder

EKG 2 Gottes Sohn ist kommen (Ausgabe für Niedersachsen/Hannover 1974); EG 10 Mit Ernst, o Menschenkinder; EG 152 Wir warten dein, o Gottessohn; EG 11 Wie soll ich dich empfangen?; EG 13 Tochter Zion; EG 22 Nun sei uns willkommen, Herre Christ (Ausgabe für die Kirchen in Niedersachsen und für die Bremische Evangelische Kirche 1994)

Gebet

»O Schöpfer und allmächtiger Gott, du hast Stärke den Schwachen, Ruhe den Mühebeladenen, Licht für den Weg, Gnade im Gericht, Hilfe von oben, unerschöpfliches Wohlwollen, nie endende Liebe verheißen. O Schöpfer und allmächtiger Gott, hilf uns, festzuhalten an dieser Verheißung.« (Aus Pakistan)

Mit Gottes Volk auf Erden, Ökumenischer Fürbittkalender Frankfurt/Main 1989, Seite 293

Fürbitten

Nur selten, Gott, kommen wir Menschen durch Vernunft zur Vernunft. Und oft, Gott, gebiert unser Zorn neuen Zorn, macht unsere Wut andere wütend. Du hast diese unseligen Kreisläufe unterbrochen, bist mit deinem Frieden zu uns gekommen, bist mit deiner Liebe dazwischengetreten, hast das bis ans Kreuz durchgehalten.
Nur selten, Gott, kommen wir Menschen durch Vernunft zur Vernunft. Aber vielleicht kommen wir durch deinen Geist zum Verstehen, zum Verstehen, was dein Dabeisein vermag: Aufheben, wer am Boden ist. Mitnehmen, wer einsam ist. Aufsuchen, wo alles abwinkt. Einlenken, wenn alles zuschlägt. Zugegensein, wenn alle dagegen sind. Zuvorkommen, wenn alle hinterher sind.
Nur selten, Gott, kommen wir Menschen durch Vernunft zur Vernunft. Lass uns diese seltenen Augenblicke finden – mit dir und durch dich. Amen.

Jo Krummacher, Liturgische Anregungen aus: Handreichungen für Kirchengemeinden zur Friedensdekade 2001. Aktionsgemeinschaft Dienst für den Frieden. Bonn 2001, Seite 10

Vorschlag zur Predigt

Möglicher Anfang

Wer Advent feiert, begegnet bei seiner Vorbereitung der Gestalt Johannes des Täufers. Johannes ist ein Asket in der Wüste und ein strenger Bußprediger; er redet den Gerechten ebenso ins Gewissen wie den Zöllnern, den Soldaten und dem König. Die Konsequenzen fürchtet er nicht. Johannes weiß, dass er ein Bote für den ist, der kommen wird. Aus seinem Glauben heraus wartet er auf den Messias. Doch sicher ist er nicht. Darum lässt er Jesus fragen: Bist du, der da kommen soll oder sollen wir auf einen anderen warten? Durch seinen Glauben fragt er nicht: Was kommt auf uns zu? sondern gezielt: Wer kommt auf uns zu? Durch die Mauern des Gefängnisses hindurch kommt die Frage des Johannes zu Jesus. Wie Matthäus das Gespräch zwischen Jesus und Johannes beschreibt, ist Thema des dritten Advent, eine Begegnung mit Hindernissen.

Zum weiteren Verlauf; der Dialog

- Ist er da, auf den ihr wartet?
- Aber ich bin doch im Gefängnis! Ich empfinde keine Befreiung! Die Intrige hat gesiegt.
- Konzentriere dich, durch die Mauern hindurchzusehen. Was siehst du? Was hörst du? Die Zeichen der Erlösung sind da!
- Aber ich höre den Tod, wie er näher kommt. Ich bin blind für die Zeichen, von denen du sprichst.
- Du stehst auf der Grenze. Hinter dem Tod erscheint das Leben. Es wird dir wie Schuppen von den Augen fallen.
- Wer glaubt, steht an der Grenze und sieht darüber hinaus. Selig, wer nicht aufgibt, wer in der Hoffnung bleibt.
- So weit bist du schon gegangen. Jetzt komme ich dir entgegen, Johannes. Du weißt, was dein Name bedeutet: Gott ist gnädig.

Möglicher Schluss

Das Adventsgespräch zwischen Jesus und Johannes geht zu Ende. Johannes hört, was er schon weiß, aber nicht deuten konnte. Seine Unsicherheit, sein Suchen und Fragen bleiben im Schatten des Todes. Auf diese Weise bleibt Johannes ein Wegbegleiter für die, die auf dem Weg sind, die den Glauben suchen und Trost brauchen, um zu überleben. Das Evangelium beschreibt den Wechsel in der Wegbegleitung, damit uns ein Licht aufgeht durch Hören und Sehen von dem, der uns aus dem Schattendasein herausholt, Jesus, der Christus.

Kontexte

Andachten im Advent

In dem Gesangbuch der katholischen Kirche »Gotteslob« (Bistum Hildesheim, Bernward Verlag Hildesheim 1975, Seite 743 ff.) findet sich der Hinweis auf »die großen Antiphone«. Die sieben letzten Tage des Advent sind durch die so genannten O-Antiphone ausgezeichnet. Jesus wird unter sieben Titeln angerufen, die dem Messias im alten Bund gegeben werden. Dies mag die Meditation des Predigttextes vertiefen.

1. O Weisheit	Weisheit 7,26-29
2. O Herr	Dtn 30,10a.11.14
3. O Wurzel Jesse	Jes 11,10.12
4. O Schlüssel Davids	Jes 22,22-23; 49,8-9
5. O Aufgang	Jes 42,6-7
6. O König der Völker	Dan 7,13-14
7. O Gott mit uns	Jes 8,8-10;9,1.5-6

Tipp zum Text

Marianne Fredriksson: Sofia und Anders, W. Krüger Verlag Frankfurt 2001

»Wir, die an dem Gottesdienst in Östmora am letzten Sonntag teilgenommen haben, wagen zu behaupten, dass uns Gottes Reich für einen kurzen Moment gestreift hat. Wir hatten eine Vision, in uns, dort, wo sich das Himmelreich befindet. Und uns wurde die Gnade zuteil, dieses Erlebnis miteinander zu teilen ...« (Seite 164)

Ein Roman zum Thema »Blinde sehen«.

4. Sonntag im Advent
Das Evangelium nach Lukas 1,(39–45) 46–55 (56)

Klaus Eulenberger

Exegetisch-homiletische Skizze

Marias Lobgesang ist keine Äußerung, der gegenüber man indifferent bleiben könnte. Er provoziert Reaktion und Resonanz. In seiner gemessenen, wohlgegliederten Sprache springt das Lied uns gleichwohl an, ein junger Hund, der will, dass seine ungestüme Vitalität erwidert wird. »Er stößt die Gewaltigen vom Thron«: Wer könnte das hören und ruhig sitzen bleiben? Aber andererseits: Wer kann es glauben? Mir selbst geht es so, dass das Magnifikat – gehört nicht als Text, sondern unweigerlich immer schon im Medium seiner Vertonungen (Schütz, J. S. und C. Ph. E. Bach ...) – das Lied vom Umsturz aller Verhältnisse ist. Wer beim alten Bach hört: »Deposuit potentes« und es nicht glaubt, ist selbst schuld, denke ich dann. Die Nähe zu Marias Lied, die ich so empfinde, ist wahrscheinlich lebenslang resistent gegen alle Veränderungen des Bewusstseins. – Aber was spricht dafür, dass Gott die Gewaltigen vom Thron stürzt? Was, außer dass es hier geschrieben und dass es dort zu hören ist in abfallenden Sechzehntelläufen? Da ist die Distanz, die ich nicht mehr überwinden kann und gegen die der Hymnus selbst nichts mehr vermag. Es geht mir wie dem alten Jakob, als seine Söhne ihm ansagen, dass Josef noch lebe: »Sein Herz blieb kalt, denn er glaubte ihnen nicht« (Genesis 45,26). Ob ein skeptischer Freund, wenig jünger als ich selbst, so unverhüllt predigen würde, was er mir geschrieben hat? So oder so, es geht mir wie ihm: »Dass Gott da wen auch immer vom Thron stürzt und Gerechtigkeit herstellt – wer kann das glauben? Ich nicht. Vielmehr denke ich: Wir haben zwar dies und jenes versucht mit unseren unterschiedlichen politischen Engagements, aber trotzdem ist die Ungerechtigkeit immer größer geworden. Die Unbarmherzigkeit auch. Und dass wir uns damit abfinden, irgendwie auch.«

Und doch hat das Lied etwas unwiderstehlich Anrührendes. Wie bitter wäre es, wenn wir es nur noch als Dokument aus dem Literaturarchiv lesen könnten. »Mein Geist freut sich Gottes ... er hat große Dinge an mir getan ...«: Vielleicht ist es ja gar nicht wahr, dass wir so nicht mehr sprechen können. Dem »Magnificat« geht das »Fiat« voraus, wie Catharina J. M. Halkes bemerkt hat (in: Wörterbuch der Feministischen Theologie, Gütersloh 1991, Seite 273, Art. »Maria«). Das *Fiat* deutet sie als »eine Haltung der Rezeptivität, eines empfänglichen, zuhörenden Lebens«, das *Magnificat* als »prophetische Aktivität und Kreativität«; das Leben, das beide Haltungen umgreift, als ein »›Pendeln‹ ... zwischen zuhörendem und handelndem Leben« (ebd., Seite 274). Diese Hinweise öffnen mir einen neuen Zugang zum Lied der Maria. Das Lied ist ja ihre Antwort auf das Lebendige, das in ihr zu wachsen beginnt. (In der Begegnung mit Elisabeth »hüpft« deren Kind, das vergleichbar »aus dem Nichts« kommt, im Leib der Mutter.) Etwas entsteht, man weiß nicht, wie; oder: Die Erklärungen, die es gibt, erklären es nicht. Jenseits der besonderen Erfahrungen, die zwei Frauen in dieser Szene reflektieren, inszeniert sich eine wiederkehrende Grunderfahrung, die Menschen vor und mit Gott machen: Gott »ruft das, was nicht ist, dass es sei« (Römer 4,17). Wenn das geschieht – in welcher Gestalt, in welchem Zusammenhang auch immer –, wiederholt sich, was vom alten Jakob gesagt ist: »Als er die Wagen sah, die ihm Josef gesandt hatte, um ihn zu holen, wurde der Geist Jakobs lebendig«. (Genesis 45,27)

Predigtidee

»Von Geschlecht zu Geschlecht« ereignet sich das Unableitbare, das Unwahrscheinliche, das Wunderbare.

Predigtthema

Die Anfänge aus dem Nichts. Oder: aus Gott.

Vorschläge zur Liturgie

Wer sich am 22. Dezember aufmacht, den Gottesdienst zu besuchen, wird es sich überlegt haben. Unterhaltungseffekte werden nicht erwartet, Experimentierlust muss sich nicht gerade diesen Gottesdienst vor dem Heiligen Abend zum Objekt machen. Ich schlage also vor, im Wesentlichen alles so zu machen, wie es im Buche steht: die sehr alte Epistel des 4. Adventssonntags (Philipper 4,4–7) und den Predigttext schon als Evangelium zu lesen – es sei denn, man schrecke vor drei biblischen Passagen nicht zurück und finde Gefallen an der schönen Pointe von Jesaja 52,7–10 (Lesung aus der hebräischen Bibel), wo die Trümmer Jerusalems aufgerufen werden, fröhlich zu sein.
Psalm 102,17–23 steht so nicht im EG; unter der Nr. 741 findet sich dort ein schweres, sehr düsteres Gebet, das ich wohl nicht gerade am 4. Advent mit der Gemeinde sprechen wollte. Psalm 145 (EG 756) schlägt ähnliche Töne an wie das Magnificat, Psalm 98 (739) spricht ausdrücklich von den Wundern, die Gott tut, Psalm 30 (715) von der Verwandlung der Klage in einen Reigen. Einer dieser drei könnte es sein.
Das Wochenlied (Nun jauchzet, all ihr Frommen, EG 9) kann gut nach der Epistel gesungen werden, und zum Glück ist ja in der Abteilung »Advent« des EG auch sonst kein Mangel an bildkräftigen Liedern; EG 19 (»O komm, o komm, du Morgenstern«) nimmt im Refrain den Wochenspruch unmittelbar auf.

Fürbitten

Gott, wir bitten dich in adventlicher Zeit: Lass uns erhobenen Hauptes gehen, aufrecht handeln und aufrichtig miteinander sein, unverkrümmt denken und glauben und hoffen, unbeirrt festhalten an dir, der du bist und der du warst und der du kommst. Wir bitten dich um einen klaren Verstand, der uns die Zeichen der Zeit deuten und deine Gegenwart in der Welt erkennen lassen. Wir bitten dich um helle Augen und unverdorbene Sinne, damit wir unsere Erlösung nicht an den falschen Orten suchen und sie nicht von Menschen erwarten, denen es um anderes geht. Wir bitten dich um erfüllte Gegenwart und offene Zukunft. Um deine Nähe in allem, was uns angreift – Zweifel, Kummer, Schmerz und Leid –, und in allem, was uns beflügelt, begeistert und vorantreibt. Komm zu uns, Gott, und zu allen deinen Geschöpfen, die es nach dir verlangt. Komm zu allen, die erschöpft und abgestumpft sind, die nicht mehr an deine – und an unsere Liebe glauben können, die keinen Menschen haben, der ihren Fragen standhält. Komm zu den vielen, die keinen Sinn mehr in ihrem Leben sehen, die nicht wissen, wofür sie leben sollen. Gott, wir bitten dich für sie und für uns alle: Verwandle das Ende in einen Anfang, den Tod in Leben, die Furcht in Liebe. Wir bitten dich im Namen Jesu Christi, auf dessen Erscheinen wir warten.

Vorschlag zur Predigt

Möglicher Anfang

»Maria machte sich auf in diesen Tagen und ging eilends in das Gebirge zu einer Stadt in Juda und kam in das Haus des Zacharias und begrüßte Elisabeth.« Zwei Tage vor dem Heiligen Abend hören wir die biblische Geschichte, die so einsetzt. Es ist nicht viel, was in dieser Geschichte passiert; rasch ist es erzählt. Maria scheint in großer Eile: so, als könne der Besuch bei ihrer Verwandten Elisabeth nicht aufgeschoben werden. Aber dann verliert die Erzählung an Tempo. Es ist Zeit für Dialoge zwischen den beiden Frauen, Zeit für einen Lobgesang, den Maria spricht, ja Zeit für einen Aufenthalt von drei Monaten: So lange bleibt Maria, die junge Frau, bei Elisabeth, der Betagten. Was sie aber zusammenführt, die beiden, und was sie untereinander austauschen, das ist etwas, was nur eine Hälfte der Menschheit am eigenen Leib erfahren kann. Beide Frauen tragen ein Kind aus. Ausgeschlossen ist die andere Hälfte von der Regung, die sich in Elisabeth vollzieht, als Maria sie grüßt: Da »hüpfte das Kind in ihrem Leibe«. Hören wir, zwei Tage vor dem Heiligen Abend, die ganze Szene, die von Eile und Begeisterung bestimmt ist und dann doch viel Zeit hat – diese Szene zwischen Empfängnis und Geburt zweier Kinder (Lesung des Abschnitts Lukas 1,39–56).
Zwei besondere Kinder sind es, die diese beiden Frauen, Maria und Elisabeth, zur Welt bringen werden. Den Sohn der Älteren wird man, als er geboren ist, Johannes nennen, der der Jüngeren wird Jesus heißen. Als erwachsene Männer werden die beiden einander wieder begegnen, und dann wird Johannes Jesus im Jordan taufen, widerstrebend, weil er weiß, dass er der Geringere ist und der andere der Größere. Hier aber sind die beiden noch nicht geboren; sie werden erst. Von beiden weiß man nicht

so recht, *wie* es mit ihnen angefangen hat; oder sagen wir: Was man weiß, erklärt es nicht wirklich. Elisabeth ist die alte Frau eines alten Mannes, des Priesters Zacharias. Als ein Engel ihm eröffnet, seine Frau werde ein Kind zur Welt bringen, dessen Vater er sei, bleibt Zacharias skeptisch. Noch geheimnisvoller geht es mit Marias Schwangerschaft zu. Ihr sagt derselbe Engel an, dass ihr Kind überhaupt keinen menschlichen Vater haben wird: »Der Heilige Geist wird über dich kommen ...«
Die beiden Frauen, deren Kinder von so außergewöhnlicher Herkunft sind, begegnen einander. Das Kind im Leib der einen hüpft vor Freude, und die werdende Mutter des anderen singt in ihrer Begeisterung ein Lied, in dem sie Gott »erhebt«, weil er sie erhoben hat.

Zum weiteren Verlauf

Ich möchte einer Überlegung nachgehen, die Renate Wind angestellt hat (in: Maria aus Nazareth, aus Bethanien, aus Magdala. Drei Frauengeschichten, Gütersloh 1996, Seite 11 ff.). Sie deutet den Topos Jungfrauengeburt etwa so: Das Kind, das Maria zur Welt bringt, unterbricht den Lauf der Welt und die Welt selbst. Es ist eben nicht der Sohn von X. des Sohnes von Y., des Sohnes von Z.; es ist das Kind, mit dem etwas Unableitbares, etwas schlechthin Neues in die Welt kommt. (»Noch spannender wird es, wenn man [sc. bei Lukas] zuvor gelesen hat, dass Joseph, Marias Gerade-noch-nicht-Mann, aus dem Hause Davids stammt, sie also einmal verheiratet ohne Probleme einen neuen David gebären könnte. Eine solche, nur die Fortsetzung der Geschichte Israels garantierende Geburt eines Davidssohns wird hier gerade noch vereitelt: Weil es sich hier nicht um Fortsetzung, sondern um Revolution handelt!«, Seite 33). – Dies aber gilt in gewisser Hinsicht für alle Kinder (auch wenn sie nicht von einer »Jungfrau« zur Welt gebracht wurden): Mit ihnen fängt etwas an, was noch nicht war. Von »Natalität« oder »Gebürtlichkeit« spricht die jüdische Soziologin und Philosophin Hannah Arendt. Sie meint, dass das spezifisch Menschliche nicht die Sterblichkeit sei, sondern die Fähigkeit, etwas völlig Neues zu beginnen. Der Vorgang der Geburt ist es, der diese Perspektive am deutlichsten abbildet. Und hier liegt eben auch die Quelle der Einmaligkeit jedes Menschen, die wiederum potentiell etwas völlig Neues aus sich heraussetzen kann. Ein Zitat: »Weil jeder Mensch aufgrund des Geborenseins ein *initium*, ein Anfang und Neuankömmling in der Welt ist, können Menschen Initiative ergreifen,

Anfänger werden und Neues in Bewegung setzen ... Der Neuanfang steht stets im Widerspruch zu statistisch erfassbaren Wahrscheinlichkeiten, er ist immer das unendlich Unwahrscheinliche, er mutet uns daher, wo wir ihm in lebendiger Erfahrung begegnen ..., immer wie ein Wunder an.« (H. Arendt, Vita activa oder Vom tätigen Leben, München 1996[8], 215 f.) Und: »Seine (sc. des Menschen) Erschaffung ist nicht der Beginn von etwas, das, ist es erst einmal erschaffen, in seinem Wesen da ist, sich entwickelt, andauert oder auch vergeht, sondern das Anfangen eines Wesens, das selbst im Besitz der Fähigkeit ist anzufangen: es ist der Anfang des Anfangs oder des Anfangens selbst.«

Dies Wunder ist – zum Glück für alle – eines, das allen Menschen zuteil werden kann. Den Frauen und den Männern, den Kindern wie den Alten. Es ist wahr, dass wir, auf die Länge des Lebens gesehen, zunehmend abhängig sind von Wiederholungen. Dass der Verlauf von Tagen und Jahren, ja von Biographien teilweise berechenbar wird. Aber auch das Gegenteil ist wahr: dass »aus dem Nichts« etwas entsteht, was noch nicht war. Dass etwas geschieht, was niemand hat kommen sehen (im Guten wie freilich auch im Schlechten). Dass das Leben (oder: Gott) eine potentiell unendliche Fülle von Erscheinungen hervorbringt. Dass »in dem undurchsichtigen Sack Zukunft vielleicht auch ein Entzücken steckt«. (M. L. Kaschnitz) Es ist wahr, dass wir, so lange wir leben (und empfänglich bleiben), immer wieder Neues unter der Sonne zu sehen bekommen. Empfänglichkeit aber »ist nicht ein spezielles Charakteristikum von Frauen (das ist ein biologistischer Gedanke), sondern sie ist das Fundament eines jeden Glaubenslebens, von Männern und Frauen, sie vertieft die Qualität menschlichen Lebens und gibt ihm mehr Raum« (Catharina J. M. Halkes, a.a.O., Seite 273). Da aber die Haltung der Rezeptivität nicht nur unser Bewusstsein beeinflusst, sondern auch auch unser Handeln und Verhalten, können wir selbst daran beteiligt sein, dass etwas Neues entsteht. Und so kann der Augenblick kommen, in dem wir sagen: »Gott hat große Dinge an mir getan.« An mir – und auch durch mich.

Möglicher Schluss

Dieser 4. Adventssonntag ist eine behutsame Aufforderung an uns, das Hüpfen in unserem Leib zu spüren. Dort hüpft etwas – das ist ganz gewiss. Eine kostbare Unruhe, eine schöne und dabei vielleicht auch angstmachende Aufregung, etwas Lebendiges, das von irgendwoher uns zugeflogen ist. Womöglich haben wir es so »gut« verpackt, dass wir nicht bemerken, was da hüpft. Wir gehen möglichst gleichmütig unsere Wege, wir sind lebenserfahrene Leute, die man nicht mehr überraschen kann: nichts Neues unter der Sonne. Unsere Erfahrung hilft uns zu leben, das ist wahr. Aber sie hat auch etwas Erschreckendes. Sie macht uns unempfindlich und unempfänglich. Sie erstickt unsere Freude. Wenn wir auf unserer Erfahrung bestehen – was könnte schon geschehen, das wir noch nicht gesehen haben?! –, dann kann Gott nicht Mensch werden, das Kind kann nicht zur Welt kommen, und es ist umsonst, dass zu uns gesagt wird: »Freuet euch in dem Herrn allewege, und abermals sage ich: Freuet euch! Der Herr ist nahe!«

Vielleicht ist es klüger, pessimistisch zu sein. Viele sehen keinen Grund, sich etwas zu versprechen von dem, was wird und kommt: Ist es nicht bedrohlich und voller Gefahr? Mag sein, dass wir nichts zu hoffen haben; es steht aber nicht fest. Es ist nicht nur eine liebenswerte Beigabe, dass Gott als ein neugeborenes Kind zur Welt kommt. Dass er »anfängt«, so wie wir alle angefangen haben. Nur eines unterscheidet diesen Anfang von dem, aus dem wir kommen: Er ist noch voraussetzungsloser als der, dem wir uns verdanken. Das Kind wird, wie jedes Kind, von einer Frau geboren; wer aber sein Vater ist, das lässt sich nur umschreiben mit Wendungen, die es nicht wirklich erklären. »Die Kraft des Höchsten wird dich überschatten«, sagt der Engel geheimnisvoll zu Maria. Und in alten Bildern fliegt eine Taube oder gleitet ein winziges Kind auf einem Lichtstrahl, der aus dem Mund Gottes geht, in das Ohr der jungen Frau, zu der der Engel gerade spricht. Wir sollen verstehen, dass das, was da wird, nicht die Fortsetzung von etwas ist. Nicht die Fortschreibung einer alten Geschichte, in der sich eigentlich alles wiederholt. Sondern eine *creatio ex nihilo,* eine Schöpfung »aus dem Nichts«, oder sagen wir es genauer: eine Schöpfung aus Liebe. Aus der Liebe Gottes, die hervorbringt, was noch nicht ist und noch nicht war.

Alle Jahre wieder: das Fest der Geburt dieses Kindes. Ein Widerspruch in sich selbst: Das besondere Ereignis, das den Lauf der Welt unterbricht, wird immer wieder, Jahr um Jahr, begangen. In Wahrheit ist es wohl kein Widerspruch. Immer wieder, mit zuverlässiger Regelmäßigkeit, werden wir daran erinnert, dass sich nichts wiederholt, dass die Zukunft nicht die Fortschreibung der Vergangenheit ist und dass wir etwas zu hoffen haben. Denn Gott ist ein Gott des Anfangs, und er hat uns so entworfen, dass wir etwas anfangen können und nicht bloß weitermachen müssen. Es ist noch nicht erschienen, was wir sein werden, und Welt und Leben sind noch nicht am Ende, sondern immer wieder: am Anfang. In dieser Zuversicht sagen wir wie Maria und mit ihr: »Mein Geist freut sich Gottes; denn er hat große Dinge an mir getan.«

Kontext

In unseren besten Augenblicken, wenn vor lauter Gelingen auch das energischste Tun im Lassen aufgeht und die Rhythmik des Lebendigen spontan uns trägt, kann sich der Mut plötzlich melden wie eine euphorische Klarheit oder ein wunderbar in sich gelassener Ernst. Er weckt in uns die Gegenwart. In ihr steigt die Wachheit mit einem Mal auf die Höhe des Seins. Kühl und hell betritt jeder Augenblick deinen Raum; du bist von seiner Helle, seiner Kühle, seinem Jubel nicht verschieden. Schlechte Erfahrungen weichen zurück vor den neuen Gelegenheiten. Keine Geschichte macht dich alt. Die Lieblosigkeiten von gestern zwingen zu nichts. Im Licht solcher Geistesgegenwart ist der Bann der Wiederholungen gebrochen. Jede bewusste Sekunde tilgt das hoffnungslose Gewesene und wird zur ersten einer Anderen Geschichte.

Peter Sloterdijk, aus: Kritik der zynischen Vernunft, Band 2, © Suhrkamp Verlag, Frankfurt, Seite 953

Heiliger Abend
Das Evangelium nach Lukas 2,1–14 (15–20)

Claus Marcus

Exegetisch-homiletische Skizze

Die Weihnachtsgeschichte nach Lukas 2,1–20 gehört zu den Ikonen der Predigttexte. Exegetische Erwägungen und Entscheidungen liegen reichlich vor. Wichtig für mich ist, dass die so genannten Kindheitsgeschichten sich in den kanonischen Evangelien nur bei Lukas und Matthäus finden. Lukas 2,1–20 ist der Nährboden geworden für die breite Ausgestaltung des Christfestes besonders in der Volksfrömmigkeit, z. B. in Krippen- und Verkündigungsspielen. Die systematisch-theologischen Aspekte treten vor dem Glanz dieser frühen biblischen Verkündigungserzählung zurück.
Dieser Text ist den Hörern sowie dem Prediger über die Jahrzehnte vertraut, manche der Gottesdienstbesucher kennen und können ihn auswendig. Die Situation der Gemeinde am Heiligabend gleicht der einer besonderen Festtagsgemeinde, bei der der Kasus »Weihnachten« im Zentrum steht. Ich kenne viele Gemeindeglieder, die ich fast nur im Gottesdienst am Heiligabend treffe. Diese Tatsache fordert eine starke Konzentration, Geistesgegenwart und Offenheit. Heiligabend erlebe ich als eine besondere seelsorgerische, ja therapeutische Situation.
Die klassische Liturgie tritt in den Hintergrund, lediglich Eingangsvotum, Fürbittgebet und Segenswort spreche ich neben den Texten aus der prophetischen Überlieferung und dem Evangelium nach Lukas 2,1–20 in drei Abschnitten.
Ich schreibe diese Skizze nach dem 11. September 2001 am Anfang des neuen Jahres 2002. Die gesellschaftlichen und politischen Probleme, die elementaren Ängste und Befürchtungen sind in mir und bei den Hörern präsent. Das in der Predigt zu verschweigen, wäre unredlich; sie zu sehr herauszuheben, wäre seelsorgerlich nicht zu verantworten. Im Blick auf

den Heiligabend 2002 vermag niemand von uns vorauszusagen, wie die konkrete Weltsituation sein wird. Bis jetzt sieht es so aus, dass die ungelösten Ursachen des Terrorismusproblems die Welt weiter begleiten werden. Kriegerische Auseinandersetzungen sind auch durch die Botschaft des Christfestes nicht wegzureden.

Predigtidee

Das Geheimnis der Weihnachtsbotschaft nach Lukas 2 bewegt auch den Menschen, der sich hinter seinem kritischen Intellekt und seiner Wissenschaftlichkeit versteckt, den seltenen Kirchgänger, den Agnostiker sowie den Atheisten (vgl. die Friedenspreisrede von Jürgen Habermas im Oktober 2001).

Predigtthema

Wer sich dem Geheimnis der Christnacht aussetzt, entdeckt Spuren Gottes in seinem Alltagsleben.

Vorschläge zur Liturgie

Eingangsvotum

Auf dem Weg aus der Dunkelheit in das Licht machen wir Rast an der Krippe des göttlichen Kindes. Wir legen ab, was uns das Leben schwer macht. Wir benennen unsere Angst. Wir vertrauen auf den Gott, der aus den Fernen des Himmels in diesem Kind Mensch geworden ist. Wir finden unseren Lebensgrund in der Hoffnung, dass Gottes Geist uns Gemeinschaft schenkt über alle Grenzen, die wir Menschen einander setzen.

Fürbittengebet

In dieser Nacht der Nächte breiten wir vor dir aus, was uns Freude bereitet, was uns dankbar werden lässt, was uns nachdenklich macht:
In dem Kind in der Krippe ist der Friede unter uns begreifbar geworden. Die drohenden Schatten weichen zurück. Das Christuslicht lässt die

Dunkelheit gut werden. Du weißt, was wir nötig haben: Ruhe, um zu uns selbst zu finden. Gelassenheit, um die Herausforderungen des Alltags aushalten zu können. Zuversicht, dass du mit uns die Schritte unseres Lebens gehst. Gewissheit, dass wir niemals tiefer fallen können als in die Arme deines Erbarmens.
Wir rufen zu dir: O Adoramus te, Domine.
Wir denken in dieser Nacht an die Menschen, die einsam sind und niemanden haben, mit dem sie sprechen können. Wir bitten für die Kranken und Sterbenden, dass Menschen in ihrer Nähe sind, die ihre Schmerzen und Ängste aushalten können. Wir hoffen für die Menschen, die in dieser Nacht Hand an sich legen wollen, dass andere Menschen sie vor diesem Schritt bewahren mögen.
Wir rufen zu dir: O Adoramus te, Domine.
Wir denken an die Menschen, die in dieser Nacht arbeiten müssen in den Krankenhäusern und in den öffentlichen Verkehrsbetrieben, bei der Feuerwehr und Polizei, im Rundfunk, Fernsehen und in der Presse, bei den verschiedenen Versorgungswerken für Wasser und elektrischen Strom. Wir bitten für alle, die in dieser Nacht unterwegs und fern von ihren Familien sind.
Wir rufen zu dir: O Adoramus te, Domine.
Wir hoffen auf Frieden an den verschiedenen Kriegsschauplätzen der Erde. Lenke du das Denken und Fühlen der Menschen, die Entscheidungen fällen müssen, dass sie das zum Wohl der Menschen tun. Wehre du den Gefühlen von Rache und Unterdrückung. Mit dem Kind in der Krippe hast du uns dein großes Friedensangebot für die ganze Welt unterbreitet.
Wir rufen zu dir: O Adoramus te, Domine.
Begleite du uns durch diese Nacht und alle Nächte unseres Lebens. Lass uns Vertrauen finden und Zuversicht in das Leben, das du uns anvertraust. Lass uns den aufrechten Gang üben. Gib uns die Kraft, unsere Ängste aushalten zu können.
Wir rufen zu dir: O Adoramus te, Domine.
Wir danken dir, dass du uns in diesem Kind deine vorurteilsfreie Liebe zeigst. Du willst, dass wir leben und zufrieden werden. Lenke du unsere Schritte zum anderen Menschen, der auf uns wartet und uns braucht. Lass es Weihnachten werden in unseren Herzen, in unserer Stadt, auf dieser Erde!
In Dankbarkeit und Hoffnung rufen wir zu dir: Vater unser ...

Segenswort

Tragt in die dunkle Welt nun das Licht. Sagt allen: Fürchtet euch nicht. Gott ist Mensch geworden. Seine Verheißung begleitet uns bei Nacht und bei Tag.

So beschütze euch alle der menschgewordene Gott. In euren Wohnungen und Häusern, auf euren Wegen und Straßen lasse er sein gütiges Antlitz über euch erstrahlen. Dass ihr vor nichts und niemand erschrecken müsst; denn Gottes guter Schöpfergeist umweht euch und stärkt euch.

Lesungen

Jes 9,1.5–6; 11,1–9 Mich 4,1–5; Lk 2,1–20

Lieder

EG 13 Tochter Zion, freue dich; EG 24 »Vom Himmel hoch, da komm ich her«; EG 27 Lobt Gott, ihr Christen alle gleich; EG 30 Es ist ein Ros entsprungen; EG 33 Brich an, du schönes Morgenlicht; EG 37 Ich steh an deiner Krippen hier; EG 48 Kommet, ihr Hirten; EG 53 Als die Welt verloren; EG 56 Weil Gott in tiefster Nacht erschienen

Vorschlag zur Predigt

Möglicher Anfang

»Liebe Gemeinde an diesem 24. Dezember 2002, an einem Heiligabend wie jedes Jahr, oder hat sich das Koordinatensystem unseres Lebens, unseres Denkens, unserer Gefühle, unseres Glaubens verändert? Im Verlauf dieses Jahres sind wir nicht nur einmal nach der Begründung unseres Lebens gefragt, herausgefordert worden. Uns fiel es selten leicht, auf die Fragen eine passende, eine einsichtige Antwort zu geben. Dennoch, wir feiern miteinander diesen Abend der Erinnerung an die einmalige Geburt jenes göttlichen Kindes vor 2000 Jahren damals in Bethlehem, oder eben in Nazareth nach Ansicht kritischer Theologie. Dieses Fest mit seiner Botschaft haben wir nötiger denn je, um den qualitativen Unterschied zwischen dem Schöpfer und dem Geschöpf bewahren zu können. Auch nach den Erlebnissen und Widerfahrnissen dieses Jahres 2002 müssen wir immer neu die Freiheit einüben, das Fenster zur Transzendenz offen zu halten. Denn ohne unser Fragen nach Gott verlieren wir nicht nur unser Gegenüber im Allgemeinen, sondern wir setzen die Würde jedes Menschen aufs Spiel, geben ihn frei zur Disposition der Willkür.«

Zum weiteren Verlauf

1. Ich zitiere Reiner Kunze die Szene »Mensch« aus »Die wunderbaren Jahre« (FiBü 2074, Seite 80) und aktualisiere diesen Text mit der Angabe des Weihnachtsoratoriums.
»Der Mensch, der Mensch«, sagte sie, aufbegehrend gegen das Gemessenwerden mit dem Maß der Maße. »Was ist denn der Mensch! Nicht einmal ein Virus! Schon wenn du an unsere Galaxie denkst. Und wie viele Galaxien gibt's denn!« An einem Montagvormittag aber, während zweier Freistunden, läuft sie, nicht einmal ein Virus, von Schallplattengeschäft zu Schallplattengeschäft und fragt nach dem Weihnachtsoratorium, Bachwerkverzeichnis 248, das sie am Sonntag gehört hat.«
2. Ich versuche, die Aktualität dieses Textes für uns zu beschreiben. Wer gesteht in der Öffentlichkeit seine religiöse Sehnsucht nach Heilwerden ein? Auch erinnere ich an die immer weiterhin aktuellen – ungelösten Probleme: Gentechnik, High-Tech-Medizin und die Frage der Würde des Menschen, das Geheimnis von Zeugung und Geburt. Ebenso wichtig sind mir am Heiligabend auch die politischen Anfragen: Terrorismus und seine Wurzeln in nicht aufgearbeiteten Lebensstilen der ersten Welt, auch unter Berücksichtigung des Bildungsnotstandes in der Zweidrittelwelt. Deutschland steht an 5. Stelle in der Welt mit dem Export von Rüstungsgütern.
3. Die Spannung zwischen der Botschaft »Friede auf Erden« und den weltpolitischen Situationen. Unser Beteiligtsein am Unfrieden der Welt; unsere Angst vor einem neuen Weltkrieg.
Darum können wir nach dem Christfest nicht einfach zur gewohnten Tagesordnung übergehen. Die Kunde von der Geburt des Christus hat das Bewusstsein der Menschen verändert. Damals brachte Lukas seine Botschaft in Verbindung mit der Welt durch die Nennung des Kaisers Augustus. Die Friedensbotschaft will uns heute alle aufwecken, trösten und nachdenklich machen. Wir werden auf den Weg nach Bethlehem geschickt, um die Geschichte zu sehen, die da geschehen ist, die uns der Herr kundgetan hat. Da hat der Himmel die Erde berührt. Da hat sich

Gott selbst in die Geschichte seiner Menschen eingemischt. Uns allen hat Gott seine Einladung zu einem Leben nach neuen Maßstäben überbringen lassen.

4. »Fürchtet euch nicht ...« Damals sind die Hirten aufgebrochen. Sie lebten die Freiheit, all das Gewohnte stehen und liegen zu lassen. Sie waren davon überzeugt, dass in ihrer Welt und für sie etwas Einmaliges, etwas Wunderbares geschehen ist.

Die Frage nach dem Geheimnis dieses Geschehens: der unnahbar ferne Gott in einem kleinen hilflosen Kind!

5. Eingeübte Lebensvorstellungen werden wir an dem Geschehen dieser Nacht aller Nächte zu überprüfen haben. Die Botschaft des göttlichen Friedens, die Nachricht von Gottes Liebe, die alle und jeden umfängt, reißt uns aus gewohntem Lebenstrott heraus. Der Friede ist in diesem Kind zum Greifen nahe gekommen. Die Liebe hat konkrete Gestalt angenommen. An uns ergeht die Einladung, das Wort vom Leben in dieser Welt der vielfachen Tode auszubreiten. Ich erinnere noch einmal an die Situation der Hirten damals. Auch wir werden die Erfahrung machen, dass die Menschen sich wundern werden über uns, über unser neues Verhalten. Massive Widerstände haben wir zu überwinden.

Möglicher Schluss

Lasst uns wie die Hirten in die Welt ziehen und Erfahrungen des neuen Lebens machen. Lasst uns im Stimmengewirr unserer Tage unsere Stimme erheben: Nichts braucht der Mensch so sehr wie einen Menschen, der ihm zuhört, der den in Schuld Gefallenen freispricht, der die geballte Faust zur zärtlichen Hand werden lässt und dem anderen hinstreckt.

Lasst uns mutig im Alltag von unserem Glauben erzählen: Krieg darf nach dem Willen dieses göttlichen Kindes nicht mehr sein. Der Hass zwischen den Menschen will durch Taten der Liebe ohne jede Berechnung überwunden werden. Freiheit will ohne die Notwendigkeit von Gefängnissen eingeübt werden. Hoffnung sieht auch im bescheidensten Anfang bereits das Ganze. Glaube macht die Masken vor unseren Gesichtern überflüssig.

Lasst uns einstimmen in den geheimnisvollen Lobgesang der Engel: ›Ehre sei Gott in der Höhe und Friede auf Erden bei den Menschen seines Wohlgefallens‹.

Alles nur eine Utopie, Vertröstung auf den St.-Nimmerleins-Tag? Wir werden überrascht durch das Geheimnis dieser Geburt. Bewahrtes Leben mitten in unserer Alltäglichkeit Diese Botschaft lässt uns ›leise wieder das Leben lernen!‹«

Wo es die Situation erlaubt, würde ich meine Predigt mit folgendem Gedicht beschließen:

Das Geheimnis

Das Geheimnis lasset unberührt,
weil es größer denn je auszudenken.
Nennt es nicht, nur habt es doch gespürt!

Wurde es in Bücher eingeschnürt,
seht, es floh, es ließ sich nicht beschränken.
Das Geheimnis lasset unberührt!

Als den Funken, den kein Wind geschürt,
als das Meer, das keine Ströme tränken.
Nennt es nicht, nur habt es doch gespürt!

Und Vertrauen wie des Kindes ihm gebührt,
ob mit Zittern sich die Augen senken.
Das Geheimnis lasset unberührt.

Alle Schritte hat es euch geführt,
ob ihr wähntet, selber sie zu lenken.
Nennt es nicht, nur habt es doch gespürt!

Denn es ist ein Heiliges, das kürt
Eine Sohnschaft, selber sich zu schenken.

Das Geheimnis lasset unberührt,
nennt es nicht, nur habt es doch gespürt!

Robert von Radetzky, aus: Ehe denn das Rad zerbricht, Gedichte, Bläschke Verlag, St. Michael, 1982

Ich wünsche uns friedevolle, nachdenkliche, glückliche, gesegnete Tage der Weihnacht, dass die geheimnisvolle Botschaft des Christfestes in uns neue Wurzeln finde!

Gestaltungsidee

Ich stelle mir vor, eine Predigt am Heiligabend auf dem Hintergrund des Bildes von Beate Heinen zu entwerfen. »Kreuz und Krippe« ist der Titel ihrer Arbeit. Die Felsengrotte mit Kind und Eltern im Vordergrund lebt aus der Spannung zu den drei Kreuzen am fernen Horizont auf dem Berge. Während die Bäume in der Nähe der Felsengrotte blühen, zeigen die Bäume im Hintergrund nur ihr kahles Geäst. Auf dem Weg zwischen Krippe und Kreuz stehen die drei Frauen vertieft ins Gespräch. Die Farbgebung des Bildes beschreibt die Spannung zwischen Leben, Tod und Auferstehung.
Unsere Lebens-, unsere Todesbilder, unsere Hoffnungsbilder wäre für mich der Versuch, den Text Lukas 2,1–20 zum Sprechen zu bringen
Das Bild ist erhältlich beim ars liturgica Kunstverlag, 56653 Maria Laach, unter der Nr. 5424.

Kontexte

Unbewaffnet geht die Nachricht
In die Welt, ein Wort, mehr nicht.
Doch wer sie hört, vernimmt hinfort
Noch etwas mehr als nur das Wort.
Friede hört er. Und zugleich:
Ja und Nein. Und Nein und Ja.
Reich und Arm. Und Arm und Reich.
Kreuzige – Halleluja

Kurt Ihlenfeld, aus: ders., Unbewaffnet geht die Nachricht. Gedichte © Lutherisches Verlagshaus, Hannover 1978, Seite 53

Von einer Weihnacht zur andern – es ist immer die gleiche Strecke. Was hat sich im Leben geändert, wenn man zwanzig- oder dreißig- oder sechzigmal Weihnachten gefeiert hat?
Auszug aus »Weihnachtsspuren« von Kurt Ihlenfeld, aus: s. o., Seite 61

Antwort
Der kürzeste Weg,
dir zu begegnen, Gott?
Schieb den Rollstuhl –
Hat mir einer ohne Beine
Gesagt.

Genug
Friede, wer
Hat ihn? Wer
wagt zu sagen:
Friede auf Erden?
Mir wäre genug, zu
Sagen: auf Erden
Kein Krieg.

Aus: Rudolf Otto Wiemer, Der Augenblick ist noch nicht vorüber. Ausgewählte Gedichte, Kreuz Stuttgart 2001, Seite 87 und 116

1. Weihnachtstag
Das Evangelium nach Lukas 2,(1-14) 15-20

Wolfram Braselmann

Exegetisch-homiletische Skizze

Ein »unverhofftes Wiedersehen«, nicht mit diesem Text an sich, dem bin ich natürlich alle Jahre wieder begegnet, und manchmal war einem dann auch zu viel: Unverhofft ein Wiedersehen aber die Aufgabe, just diesen Text wieder für Gottesdienstpraxis zu bearbeiten: Ganz links oben im Regal steht, ein wenig angestaubt, der erste Band Gottesdienstpraxis, in dem, erschienen im Jahr 1978, Rainer Bungenstock, Michael Weinrich und ich damals schon einmal diesen Text zur Aufgabe hatten.
Damals haben wir neben den Text eine Geschichte von Jack London gestellt, Weihnachten im Norden Alaskas, die Predigt, die dieser Bearbeitung zugrunde lag, hatte ich im Jahr zuvor als Vikar in jener Bielefelder Vorortgemeinde gehalten.
Die beiden Freunde aus jener Zeit sind inzwischen im übergemeindlichen Dienst, der eine Theologieprofessor, der andere Heimvolksschulleiter, und ich habe nach fast 25 Jahren noch einmal die alte Geschichte von Weihnachten, die Weihnachtsgeschichte daliegen: Mach einen Beitrag für Gottesdienstpraxis davon.
Die Weihnachtsgeschichte des Lukas hat allen biblischen Texten dies eine voraus, dass sie bekannt ist, vielleicht allzu bekannt. Selbst Konfirmanden, die kaum noch die Bibel kennen, wissen von dem Stall und der Krippe, von den Hirten auf dem Feld und den Engeln, und wenn dann der erste Weihnachtstag da sein wird, dann werden alle die gängigen Weihnachtslieder im Ohr haben, und mancher wird dabei sein, der's gar nicht mehr hören kann, geschweige denn singen.
Und wir kirchlichen Mitarbeiter und Mitarbeiterinnen, Pastoren und Pastorinnen werden in so vielen Advents- und Weihnachtsfeiern mit Hirten, Engeln und Maria und Josef in den Stall gegangen sein, mit Erwachse-

nen, Alten und Kindern noch einmal und immer wieder über das Kind in der Krippe nachgedacht haben, dass das, was eigentlich so fremd, so überraschend und so Mut machend ist: dass Gottes Sohn mitten im Elend und den Sorgen dieser Welt auf diese Welt kommt, und doch nicht untergeht im Schlamassel eines Flüchtlingslagers, dass vielmehr ein unglaublicher Glanz aus Gottes anderer Welt aus dieser Geschichte leuchtet: Das alles ist nach vier Wochen Advent und länger der Einstimmung auf Weihnachten längst schon wie abgegriffen, wie soll da der Gottesdienst am ersten Weihnachtstag noch einmal etwas Neues, ganz anderes bringen?
Vielleicht ist es wirklich nicht das Schlechteste, diese »Geschichte – einfach und streng« ganz einfach nur vorzulesen und wirken zu lassen, wie es Heinrich Albertz aus seiner Landgemeinde in Oberschlesien vom Heiligabendgottesdienst erzählt hat, nur unterbrochen von zwei oder drei bekannten Weihnachtliedern (H. Albertz, Eine Geschichte – einfach und streng, in: Erzählbuch zur Weihnachtszeit, Lahr und Freiburg 1986, 355). Nicht diese Geschichte, die so viel aus sich selber erzählt und predigt, die noch immer zum Grundbestand der Glaubenserfahrung so vieler Menschen gehört, durch vieles Reden noch einmal toppen wollen: Darauf kommt es wohl zu Weihnachten und bei der Weihnachtspredigt an.
In diesen Tagen, im Frühherbst 2001, da ich diesen Text schreibe, sind die Läden schon voll von Spekulatius, Schokoladenweihnachtsmännern, Lebkuchen und Christstollen, die Ladeninhaber sagen mir: Ich will das ja auch nicht, ich finde das selber gar nicht gut, eure Bischöfin hat schon Recht, wenn sie dagegen angeht, aber was soll ich machen, ich muss doch mit dem Strom schwimmen.
Es ist längst eine Binsenweisheit und ist doch wahr: Die Weihnachtsgeschichte, wie Lukas sie erzählt, ist zugedeckt.
Zugedeckt von Girlanden und unzähligen Weihnachtsbäumen, von Weihnachtsmärkten und weltlichen und kirchlichen Basaren, von Weihnachtsfeiern mit guten oder mittelmäßigen Gerichten, von Printen und Weihnachtsschokolade, von Weihnachtsausstellungen, Weihnachtsmännern – wem es Spaß macht, der kann eine solche Liste über manchen Abschnitt verlängern.
Was aber ist die Aufgabe des Weihnachtsgottesdienstes dann, wenn die Zeitverhältnisse die Weihnachtsgeschichte verdecken?

Vielleicht ganz einfach dies: Die Weihnachtsgeschichte einfach wieder aufdecken, neu aufsuchen, und danach fragen, was das ist, dass uns diese Geschichte so wichtig ist, so wichtig, dass wir sie eben doch trotz aller anderen Dinge nie ganz vergessen haben. Und das gilt ganz bestimmt für die Gottesdienstbesucher am ersten Feiertag, die dann kommen, wenn für die meisten eigentlich alles schon vorbei ist.
Entdecken der Weihnachtsgeschichte, aufdecken, was unter all dem, was die Weihnachtszeit an Nützlichem und Unnützen bringt: Dazu fällt mir ein Weihnachtslied an, ein Marienlied aus dem katholischen Raum: Maria durch ein Dornwald ging.

Maria durch ein'n Dornwald ging

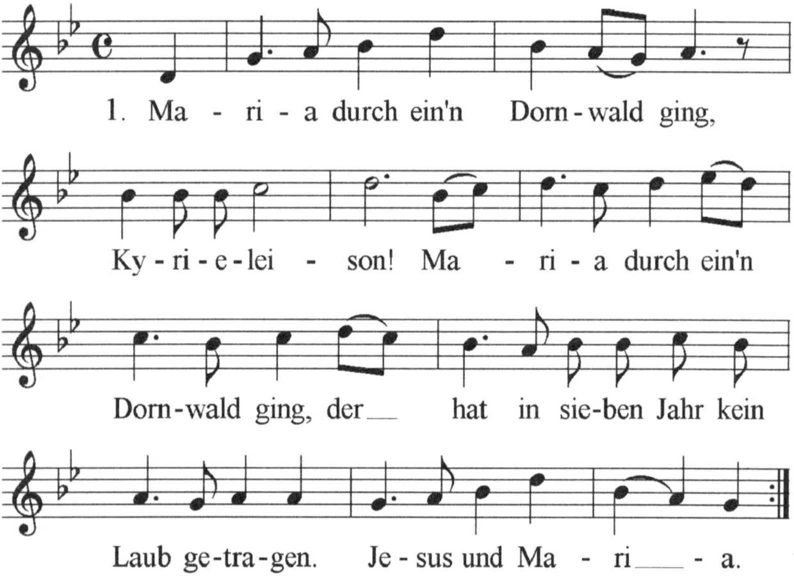

2. Was trug Maria unter ihrem Herzen?/Kyrieleison!/Ein kleines Kindlein ohne Schmerzen,/das trug Maria unter ihrem Herzen./Jesus und Maria.

3. Da haben die Dornen Rosen getragen,/Kyrieleison!/Als das Kindlein durch den Wald getrag'n,/da haben die Dornen Rosen getrag'n, Jesus und Maria.

Dies Stichwort, diesen Gedanken von Maria, die durch einen Dornwald geht, möchte ich in der Predigt aufnehmen.
Hoffentlich hat der Kirchenmusiker keine Vorbehalte gegen dies Marienlied. Vielleicht singt der Kirchenchor dies Lied, oder ein Männerchor, wie es einmal in unserer Gemeinde war. Vielleicht kann man sogar den katholischen Kirchenchor der Nachbargemeinde fragen, ob er am ersten Weihnachtstag in die evangelische Kirche kommt: mit diesem Marienlied, das auch für uns wichtig sein kann.

Predigtidee

Ich lasse vor der Predigt dies Lied »Maria durch ein Dornwald ging« singen, und denke in der Predigt mit der Gemeinde darüber nach, wie der »Dornwald« beschaffen ist, durch den Maria mit ihrem Kind, durch den die Botschaft der Weihnachtsgeschichte vordringt bis zu unseren Herzen.
Ein »Dornwald«, von dem schon die Weihnachtsgeschichte erzählt – Der Dornwald damaliger Verhältnisse und Zeiten, ein »Dornwald«, der sich in manchem über die Geschichte der Kirche hin erstreckt, und ein »Dornwald«, den wir in der Weihnachtszeit erleben.
Ein »Dornwald« im Übrigen, der mit den Zweifeln und Fragen des eigenen Herzens zu tun hat, und auch mit den äußeren Verhältnissen gerade zu Weihnachten.
Und Zielpunkt der Predigt wird sein: Das Kind wird geboren, es liegt geborgen in der Krippe, die Hirten kommen, es ist auf einmal die Verheißung vom Frieden auf Erden greifbar nahe: »Da haben die Dornen Rosen getragen«.

Predigtthema

Weihnachten kommt Gottes Sohn mit seiner Botschaft zu uns: gegen alle Widerstände.

Vorschläge zu Liturgie

Begrüßung
Liebe Gemeinde, fast ist Weihnachten nun vorbei. Die Geschenke sind ausgepackt, die Kerzen am Weihnachtsbaum sind zum ersten Mal erloschen.
Die Unruhe der Tage vor Weihnachten ist vorbei, und es ist gut, dass wir miteinander an diesem Morgen noch einmal die Geschichte von Weihnachten hören und darüber nachdenken, was das bedeutet: dass Gott der Herr auf unsere Welt gekommen ist, damals in Bethlehem als kleines Kind in der Krippe.

Lied: Lobt Gott, ihr Christen alle gleich EG 27
Es folgen das Gloria Patri und das Kyrie.

Eingangsgebet
Gott, so lass uns nun zur Ruhe kommen nach all der Unruhe, die gewesen ist.
Lass uns miteinander die Geschichte von Weihnachten hören, lass uns das Bild sehen vom Kind in der Krippe, in dem du auf diese Welt gekommen bist.
Lass uns erfahren, dass dein Wort vom Frieden auf Erden gilt: unseren unruhigen Herzen, dieser zerrissenen Welt.
Gib, dass wir das Wort von deinem Frieden hören und annehmen und weitertragen in die Zeit, die nun kommt.

Epistellesung: Titus 3,4–7

Lied des Tages: Gelobet seist du, Jesu Christ EG 23, 1–4

Evangelienlesung Lukas 2,1–20
Ich lese den ganzen Text, unterbrochen von zwei oder drei bekannten Weihnachtsliedern, etwa:
Ich steh an deiner Krippen hier EG 37
Kommet, ihr Hirten EG 48
Vom Himmel hoch EG 24
Hört der Engel helle Lieder EG 54
Es ist ein Ros entsprungen EG 30

Lied vor der Predigt: »Maria durch ein Dornwald ging«

Lied nach der Predigt: Fröhlich soll mein Herze springen EG 36,1–5

Fürbitten

Gott, zu uns bist du gekommen, auch in dieser Weihnachtszeit wieder.
Hast uns das Bild sehen lassen vom Kind in der Krippe.
Hast uns dein Wort vom Frieden hören lassen.
So bitten wir dich:
Lass uns leben aus deinem Wort des Friedens.
Lass uns Gedanken des Friedens haben und Taten des Friedens tun.
Erfülle uns mit deinem Geist von Weihnachten.
Wir blicken auf diese Welt, auf der noch immer so viel Unfriede ist, auch in unseren Tagen.
Manchmal denken wir, dein Wort vom Frieden auf Erden sei vergeblich.
Zeig uns, dass du Frieden schaffst auf dieser Welt.
Gib Menschen Kraft und Mut und gute Gedanken, die dem Frieden dienen.
Lass uns alle solche Menschen sein, die deinen Frieden in die Welt tragen.
Und das lass geschehen an unserem Ort, in unserem Land.
Und auf der ganzen Welt.
Wir denken an diesem Weihnachtstag besonders an Menschen und Länder, in denen so wenig vom Frieden zu erkennen ist: ...
Dich bitten wir:
Widerstehe allem Unfrieden und aller Gewalt.
Lass Menschen umkehren auf deine Wege des Friedens.
Vater unser ...

Segen

Lied: O du fröhliche ... EG 44

Vorschlag zur Predigt

Möglicher Anfang

»Maria durch ein Dornwald ging«.
Durch einen Dornwald ging sie, den Dornwald damaliger Verhältnisse und Zustände: durch den Dornwald der unsicheren Straßen von Naza-

reth nach Bethlehem, den Dornwald der Gefahren durch Wegelagerer, Unwetter, den Dornwald verschlossener Türen und abweisender Gesichter, den Dornwald der Menschen, die Fremde, die kein Geld mitbringen, lieber von hinten als von vorne sehen.

Durch den Dornwald politischer Verhältnisse, in denen Menschen befohlen wurde, sich aufzumachen, weil die Steuerbehörde es für nützlich hielt, ohne dass danach gefragt wurde, ob sie ihre Wege wohl schaffen konnten.

Durch den Dornwald der Vorurteile und der Vorverurteilung einer Frau, die ein Kind erwartete und erst verlobt war.

»Maria durch ein Dornwald ging«: durch den Dornwald ihrer eigenen Sorgen und Ängste, der Sorgen und Ängste einer Frau, die unterwegs war und nicht wusste, wie sie wieder nach Hause kommen würde. Nicht wusste, was werden würde aus ihr, ihrem Mann, ihrem Kind.

»Da haben die Dornen Rosen getragen«: Und als sie dann angekommen war, und als das Kind geboren war, im Stall, in der Krippe, und als die Engel von der Ehre Gottes und dem Frieden auf Erden sangen, da war es für eine Zeit so, dass alle ganz sicher wussten: dass alles gut ist. Und dass alles gut wird. Dass dies Kind in der Krippe diese Botschaft Gottes mitbringt: Er ist bei den Menschen. Er lässt sie nicht allein. Und da hat sie den Dornwald der Welt vergessen können.

Zum weiteren Verlauf

»Maria durch ein Dornwald ging«: Doch der Weg des Kindes, der Weg seiner Botschaft ging weiter. Und immer wieder war dieser Weg wie ein Weg durch einen Dornwald.

Maria ging durch den Dornwald der Geschichte der Welt und der Menschen.

Durch den Dornwald von Kriegen und Vertreibungen, Attentaten und Gewalt.

Durch den Dornwald von Hass und Unversöhnlichkeit.

Und manches Mal auch durch den Dornwald einer Geschichte der Kirche, die die Botschaft von Weihnachten nicht mehr ernst nahm, die Menschen unterdrückte, Andersdenkende verfolgte, mehr an sich als an andere dachte.

Auch durch den Dornwald ging Maria.

»Da haben die Dornen Rosen getragen«: Immer wieder haben Men-

schen sich an dieser Geschichte festgehalten, an dieser Geschichte vom Kind in der Krippe. Immer wieder neuen Mut, neuen Glauben, neue Hoffnung von dieser Geschichte erfahren.
Und erfahren: Auch heute, auch uns ist Gott nahe, so nahe, wie uns das Kind in der Krippe ist. Und zuletzt wird alles gut werden.
»Maria durch ein Dornwald ging«.
Auch durch den Dornwald heutiger Verhältnisse und Zustände: durch den Dornwald reicher und armer Länder, die es so schwer haben, miteinander zu teilen.
Durch den Dornwald der Konflikte und Kriege, die auch in diesen Tagen unsere Welt erschüttern.
Durch den Dornwald der Sorgen, die Menschen in unserem Land haben, den Dornwald der Arbeitslosigkeit, der Einsamkeit, der Angst vor der Zukunft.
Und auch durch den Dornwald der Vorweihnachtszeit: den Dornwald der vielen Dinge, die es zu kaufen gibt, den Dornwald der vielen Worte, die gemacht werden, und es hilft oft so wenig.
Durch den Dornwald von Feiern und Märkten, auf denen doch so wenig zu erfahren ist von dem, was das Kind in der Krippe uns sagt.
»Da haben die Dornen Rosen getragen«: Und doch haben wir, haben viele Menschen auch in dieser Zeit das Kind in der Krippe gesehen, und haben geahnt, was das heißt: dass selbst in unseren Tagen Gott in diesem Kind zu uns kommt, und alles wird gut.

Möglicher Schluss

»Maria durch ein Dornwald ging«: durch den Dornwald deines und meines Herzens. Durch die Zweifel, die Sorgen, die Furcht vor der Zukunft.
Auch durch diesen Dornwald ist Maria gegangen.
Und du und ich, wir haben es erfahren:
»Da haben die Dornen Rosen getragen«.
Das Kind in der Krippe sieht uns an, und wir wissen: Es wird alles gut.

2. Weihnachtstag

Das Evangelium nach Johannes 1,1-5 (6-8) 9-14

Klaus Guhl

Exegetisch-homiletische Skizze

Am 2. Weihnachtstag darf man mit aufmerksamen Zuhörern rechnen, mit Menschen, die mehr erwarten als die altvertraute Geschichte. Darum passt der Johannes-Text zu diesem Tag, obwohl der Evangelist ja über die Umstände der Geburt Jesu nichts berichtet. Er beginnt sein Evangelium mit einem Prolog.

Ein dichter Prolog, der gleich zu Beginn des Evangeliums deutlich macht, wer das Kind in der Krippe ist und welche Bedeutung es für das Heil der Welt hat. Grundlage des Prologes ist ein Christus-Hymnus, der vom Evangelisten erweitert wurde. Aus diesem Grund können die eingeklammerten Verse 6–8 entfallen. Es ist auch so mehr als genug Stoff zu bewältigen.

Unüberhörbar sind die deutlichen Bezüge zu Gen 1,1 ff. und Jes 9,1. Durch diese Bezüge wird die Identität des Schöpfergottes mit dem Erlösergott ausgedrückt. Er, der diese Welt geschaffen hat, wird sie auch erlösen. Davon kann ihn nichts, auch die Finsternis nicht, abhalten.

Deutlich ist auch die Zweiteilung. Zunächst wird vom präexistenten Logos gesprochen, der dann in Raum und Zeit eingeht und historisch in Jesus von Nazareth geortet werden kann.

Damit sind wir bei uns, den Hörern, die wir in uns zwei sich widersprechende Tendenzen vereinen. Denn man denke doch nicht, dass Ablehnung und Aufnahme des Logos sich außerhalb unseres Ichs vollziehen. Auch scheint mir selbst bei denen, die den Glauben ablehnen, eine tiefe Sehnsucht nach dem zu sein, was Christen im Glauben finden.

Zunächst geht es um die Menschwerdung des Logos, seinen Weg in die Niedrigkeit. Wie weit darf man mit dieser Vorstellung gehen? Er wird liebes- und leidensfähig, das lässt sich leicht sagen. Doch wird er auch fähig zum Irrtum, was ja zutiefst menschlich ist; können wir uns einen Jesus vorstellen, der aggressiv oder nervös sein kann, ja der nach zu viel an Fressen und Saufen (Mt 11,19) Beschwerden hat? Oder geht das dann doch zu weit?

Entscheidend ist, das der Text nicht bei der Niedrigkeit stehen bleibt, sondern dass mit der Wahrheit auch die Herrlichkeit erkannt wird, die Niedrigkeit erleuchtet wird, nicht länger in den Untiefen der Niedrigkeit gefangen bleibt, sondern Tiefe und Höhe gewinnt. Eine Leugnung der Inkarnation führt zu dem Irrtum, in Jesus nur einen Menschen zu sehen, der in einer besonderen Beziehung zu Gott steht und Träger göttlicher Kraft ist. Das ist zu wenig, denn so bestimmt unsere Vernunft und Einsicht unser Christusbild, lässt uns aber nicht mehr in der Dunkelheit schauen, was an Herrlichkeit geboten ist. Der Tellerrand der Vernunft ist doch ein arg kleiner Horizont.

Damit mag es genug sein. Die Fülle des Textes verführt. Doch leicht verfängt man sich, schwebt als Predigerin oder Prediger in ungeahnte Höhen davon, statt in aller Demut zu erkennen, dass wir (immer) hinter dem Wort zurückbleiben. Es gilt, eine Entscheidung zu treffen, damit das Wort dem Hörer mitteilbar bleibt. Mein Vorschlag: V. 14 mit dem Umfeld ab V. 9. Da steckt genug drin. Gleichzeitig bietet dieser Vers m. E. die meisten Anknüpfungspunkte beim heutigen Hörer. Des Weiteren: Keine Angst vor diesem anspruchsvollen Text. Wer am 2. Weihnachtstag in die Kirche geht, hat ein geneigtes Ohr.

Predigtidee

Der Text ist wie ein Haus, das es zu erkunden gilt: das eine Zimmer mehr, ein anderes weniger. Die Vielschichtigkeit sichtbar machen.

Predigtthema

Jesus, wahrer Mensch und wahrer Gott.

Vorschläge zur Liturgie

Kollektengebet

Gott, wir danken dir für deinen wärmenden, liebevollen Zuspruch in der Weihnachtsbotschaft und für alle Liebe, die du uns schenkst und beten in der Stille ...
Hilf, dass wir uns auf deinen Zuspruch wirklich einlassen – heute Morgen – und alle Tage. Amen.

Aus: Christoph von Lowtzow »Konkret beten«. J. F. Steinkopf Verlag 1996

Liedvorschläge

EG 8 »Es kommt ein Schiff geladen« (V. 3!)
EG 27 »Lobt Gott, ihr Christen alle gleich«
EG 30 »Es ist ein Ros' entsprungen« (V. 3!)
EG 36 »Fröhlich soll mein Herze springen«
EG 72 »O Jesu Christe, wahres Licht«

Vorschlag zur Predigt

Möglicher Anfang

Manch ein Bibelwort ist wie ein großes, altes Haus. Einsam und steil hebt sich seine Silhouette vom Himmel ab. Man ahnt, es hat viele, verwinkelte Zimmer. Zunächst muss man aber hinein. Doch es ist schwierig, den Eingang zu finden und dann scheint die Tür verschlossen. Dann aber er gelingt es, wir gelangen hinein, stehen im Flur und sehen eine Reihe von Zimmern zur Linken und zur Rechten, eine Vielzahl von Möglichkeiten weiterzugehen. Manch einem ist reicht dies, er hat genug gesehen und kehrt um. Vielleicht kommt man auf seinem weiteren Lebensweg erneut an diesem Haus vorbei und dann wagt man sich tiefer hinein. Andere erkunden das Haus auf der Stelle. Vielleicht finden sie auf Anhieb oder erst nach einiger Suche ein Zimmer, das ihnen gefällt, in dem sie sich wohlfühlen und bleiben, obwohl es eine Reihe von anderen Zimmern gibt.
Der Zugang zu unserem heutigen Bibelwort ist schwer zu finden. Auch er scheint wie ein großes Haus mit vielen Zimmern. Mit diesem Wort aus dem Anfang vom Johannesevangelium ist man wohl nie ganz fertig.

Cur homo deus
Cur deus homo

Spätestens Weihnachten begegnen wir ihm erneut. Selbst, wenn man einen Zugang zu diesem Text gefunden hat, ja, wenn man sogar den Lageplan des Hauses, sprich die Struktur des Textes, seine Gliederung durchschaut, dann geht es immer noch so, dass der Text sein Geheimnis bewahrt. Er ist ideal zu meditieren (Rose Ausländer). Lädt uns ein, über Grenzen hinaus zu träumen von einer anderen Dimension, der Dimension Gottes. Wem es geschenkt wird, dass dieses Wort bei ihr oder ihm auf fruchtbaren Boden fällt und aufgeht, ist reich beschenkt.
Betreten wir eines der Zimmer und schauen uns um. »Und das Wort ward Fleisch und wohnte unter uns, und wir sahen seine Herrlichkeit, eine Herrlichkeit als des eingeborenen Sohnes vom Vater, voller Gnade und Wahrheit.«

Gedankenskizze zum weiteren Verlauf

Den schillernden Begriff »Logos« sollte man zunächst erläutern. »Wort« allein ist zu dünn. Dann ein Wort dazu, wie schwer es fallen kann, Jesus als einen wirklichen Menschen zu begreifen. Das ruhig in seinen Konsequenzen ausmalen. Dies kann fragend geschehen (s. o.). Allzu gern nämlich machen wir ihn zu einer Art von Halbgott und rücken ihn so in eine Sphäre, in die er nicht gehört. Denn er ist dann zu weit weg oder wird romantisch verklärt.
Dann weiter: Annahme und Ablehnung des »wahren Lichts« können auch ein Vorgang sein, der sich innerhalb eines Menschen, auch eines Christen und einer Christin abspielt. Ist doch gerade die innere Uneinheitlichkeit, die sich bis zur inneren Zerrissenheit steigern kann, ein Kennzeichen des Menschen (auch von Jesus?). Deutlich werden soll, dass gerade durch den Abstieg Gottes eine Aufwertung des Menschen geschieht.

Darum als möglicher Schluss:

Vielleicht spüren Sie etwas von der Vielschichtigkeit dieses kleinen Bibelabschnitts, liebe Gemeinde. Wir sollten nicht den Anspruch haben, alles verstehen zu müssen. Manches verwirrt, manches will als Geheimnis bewahrt bleiben. Das geschieht nicht aus Ratlosigkeit, sondern aus Respekt. Denn wir erhalten mit diesem Worten einen ungeheuren Reichtum. Die Vielfalt dieses Wortes kann die einengenden Grenzen unseres Verstandes erweitern, kann uns lehren, scheinbare Widersprüchlichkeit nebeneinander stehen zu lassen. Wahrer Mensch und wahrer Gott wird man später sagen und singen. In der Tat, wer in diesen weihnachtlichen Tagen die Gelegenheit zur Gelassenheit nutzt, der kann eine Ahnung davon bekommen, wie real die Menschwerdung Gottes in Jesus gemeint ist und wie gleichzeitig der Blick des Menschen über den dunklen Horizont gehoben wird.

Gestaltungsidee

Ganz sicher macht es Mühe, den Johannes-Text beim bloßen Hören auf Anhieb zu verstehen. Um von seiner Tiefe und Schönheit berührt zu werden, muss selbst, wer liest, viel Einsatz zeigen. Die Ausdrucksweise ist umständlich und sperrig. Für eine Meditation, allein oder im kleinen Kreis, kann gerade das den Reiz ausmachen, die Hörer und Hörerinnen der sonntäglichen Gottesdienstgemeinde sind allerdings überfordert. Was tun? Am einfachsten ist es sicherlich, diesen Text – ansprechend gesetzt – als Fotokopie der Gemeinde in die Hand zu geben. Origineller wäre es, wenn man die Textblöcke mit Hilfe von Projektoren an die Wand projiziert oder sich die Mühe macht, den Text auf Banderolen zu schreiben, die man in der Kirche aushängt. Die Gemeinde hat dann diesen Text, der sich so schwer einprägen lässt, ständig vor Augen. Hilfreich könnte auch die Entscheidung sein, auf die anderen Lesungen zu verzichten. Anstelle von Epistel, Evangelium und Predigttext, wird Joh 1 absatzweise verlesen, wobei immer wieder mit dem ersten Vers begonnen wird.

Aktion

Die Gottesdienstbesucherinnen und -besucher erhalten am Eingang eine Kerze. Nach der Lesung wird eine dieser Kerzen an der Osterkerze entzündet. Mit den Worten »Christus ist das Licht der Welt« wird das Licht weitergereicht, bis alle Kerzen brennen. Diese Aktion kann auch zu einem anderen Zeitpunkt im Gottesdienst geschehen.

Kontexte

Das Wort

»Am Anfang
war das Wort
und das Wort
war bei Gott«

Und Gott gab uns
das Wort
und wir wohnen
im Wort

Und das Wort ist
unser Traum
und der Traum ist
unser Leben

Rose Ausländer, aus: dies., Wieder ein Tag aus Glut und Wind. Gedichte 1980–1992, © S. Fischer Verlag GmbH, Frankfurt a. Main 1986
Fundort: »der gottesdienst – Liturgische Texte in gerechter Sprache« hrsg. Von Erhard Domay und Hanne Köhler, Gütersloh 1998

Es wird »der apostolische Christus, an mehr als einem Ort, den Menschen aus den Augen gerückt und ein andrer untergeschoben ..., aus dem man nicht klug werden kann, und der freilich keine Wunder tut, und nichts ist; denn sie können ihn ja nicht mehr machen, als sie sind, wenn sie ihn nach ihrer Vernunft modeln und nicht lassen wollen, was er ist, und wie er uns von Gott gegeben worden.«

M. Claudius, Sämtliche Werke, Darmstadt 1987, 498, vgl. 651 »dass der Christus des Glaubens in einen armseligen Christus der Vernunft verwandelt wird.« Fundort: O. Hofius, GPM 1996/11, 66

1. Sonntag nach Weihnachten

Das Evangelium nach Lukas 2,(22–24) 25–38 (39–40)

Dieter Heidtmann

Exegetisch-homiletische Skizze

Der vorliegende Abschnitt ist nicht einheitlich. Der Kern der Perikope, auf den ich auch die Predigt beschränken würde, umfasst die VV. 22–38. Die VV. 21 und 39–40 sind Überleitungen des Evangelisten zu den angrenzenden Abschnitten. Gegen eine Abtrennung der VV. 22–24 spricht, dass sie die notwendige Voraussetzung zum Verständnis des Folgenden bilden. »Die Erfüllung des Gesetzes bleibt für Lukas der Rahmen, in dem Außergewöhnliches zu erzählen ist: die letzte Prophetie.« (F. Bovon, Das Ev. n. Lk., EKK III/1, 1989, Seite 136).

Lk 2,22–38 gliedert sich in drei Teile: 1. Einleitung mit der Situierung des Geschehens im Tempel und den Erläuterungen zur Reinigung der Wöchnerin und zur Auslösung des Erstgeborenen (VV. 22–24). 2. Vorstellung des geisterfüllten Simeon, sein Prophetenspruch und sein Segenswort (VV. 25–35). 3. Vorstellung der Prophetin Hanna und die Zusammenfassung ihres Lobpreises (VV. 36–38). Theologisch geht es um die paradigmatische Erfüllung der jüdischen Heilserwartung in der Begegnung von Simeon und Hanna mit Jesus Christus.

Lukas verbindet im Einleitungsabschnitt (VV. 22–24) die Reinigung der Wöchnerin (vgl. Lev 12,2–8) mit der Darstellung Jesu im Tempel. Seine Schilderung unterscheidet sich jedoch von den jüdischen Reinigungsvorschriften. Er beschränkt die Reinigung nicht auf die Wöchnerin (auton in V. 22!) und verlegt das Opfer für die Erstgeburt in den Tempel, obwohl hierzu nach jüdischer Tradition die Auslösung bei einem örtlichen Priester ausreichen würde. Der Grund hierfür ist nicht mangelnde Kenntnis der jüdischen Geburtsriten (so G. Schneider, Das Ev. n. Lk, Ökumenischer Taschenkommentar z. NT 3/1, 1984², Seite 71), sondern eine bewusste theologische Uminterpretation: Num 6 schreibt für die

Reinigung eines Nasirs dasselbe Brand- und Sühneopfer vor wie für die Reinigung der Wöchnerinnen (zwei Turteltauben oder zwei junge Tauben). Lk verbindet diese Traditionen, um die Reinheit und Heiligkeit des Kindes hervorzuheben, dessen Leben Gott gehört (vgl. 1 Sam 1,28).
Simeon (der Name bedeutet »Erhörung«) wird als »Gerechter« und »Gottesfürchtiger« vorgestellt, der auf den »Trost Israels« wartet. Er ist geistbegabt und lebt aufgrund einer persönlichen Zusage in der Naherwartung auf das messianische Heil. »Er gehört nicht zu denen, die rückwärts leben (Lk 3,8), er lebt nach vorne hin. Heiliger Geist bringt also nicht religiöse Sättigung, sondern Hungern und Dürsten nach Vollendung (Rm 8,23–27).« (E. Schweitzer: Das Ev. nach Lk. NTD 3, 1982, Seite 37). Simeon nimmt das Kind in die Arme und spricht einen prophetischen Lobpreis für das Kind. Als Nunc dimittis ist er in den Abendgottesdienst der Kirchen eingegangen. Gott hat in Jesus sein Verheißungswort erfüllt. Simeon schaut mit eigenen Augen jenes Heil, das Gott »vor allen Völkern« bereitet hat (vgl. Jes 52,10). Damit wird die traditionelle jüdische Heilserwartung ausgeweitet. Nicht erst die Verstockung Israels führt zur Heidenmission, sondern die Geburt Jesu an sich (Inkarnationschristologie!). Das Licht der Erleuchtung leuchtet nun allen Völkern. Simeons Lobpreis wird in einem Segensspruch für die Eltern fortgeführt. Jesus wird darin als Zeichen zum Fall und Aufstehen für viele in Israel dargestellt (vgl. Jes 8,14 und Lk 20,17 f. zu Ps 118,22), Maria wird das Leiden am Schicksal ihres Sohnes angekündigt. »Segnung ist nicht die Vermittlung von Annehmlichkeiten. Sie stellt in die Gegenwart Gottes, also in Gericht und Gnade.« (E. Schweitzer, Seite 38).
Als (notwendiger) zweiter Zeuge erscheint neben Simeon dann Hanna (= gottbegnadet), eine Tochter des Phanuel (= Gottes Angesicht), aus dem Stamm Asser (= Glück). Herausgehoben nicht nur durch Name und Abstammung, sondern auch durch Alter und Persönlichkeit. Sie wird als Prophetin vorgestellt, »fortgeschritten an Tagen«. Wenn sich die 84 Jahre auf ihre Witwenschaft beziehen, rückt sie bei einem Heiratsalter von 14 nach 7 Jahren Ehe und sieben mal 12 Jahren Witwenschaft unmittelbar neben Judith, deren Alter mit 105 Jahren angegeben wird (Jdt 16,28) und die als heilige Witwe gilt. (vgl. Grundmann, Das Ev. n. Lk, ThHK 3, 1984, Seite 92). Ihr beständiger Aufenthalt im Tempel, ihr Beten und Fasten machen sie zu einem Vorbild des Glaubens (vgl. 1 Tim 5,9 f.). Was bei Simeon ausführlich geschildert wird, ist bei ihr zusam-

mengefasst. Auch ihre Gegenwart in diesem Augenblick wird als Wirken des Geistes verstanden, ihre Prophetie ergänzt die Aussagen Simeons: Die Geburt Jesu bringt die Erlösung Jerusalems.
Es liegt nahe, darüber zu spekulieren, warum die Botschaft Hannas nur so kurz wiedergegeben wird: War das Zeugnis einer Frau bei der Geburt Jesu genauso anstößig wie später bei seiner Auferstehung, weil Frauen in der patriarchal geprägten Gesellschaft dieser Zeit kein Zeugnisrecht hatten? Betont Lk deshalb die Persönlichkeit Hannas in solchem Maße? Oder ergänzten die Hörerinnen und Hörer in der ersten Christenheit automatisch, was hier verkürzt dargestellt wird – während wir dies heute nicht mehr tun? Man würde der Perikope in der Predigt nicht gerecht, wenn Hanna hinter Simeon zurücktreten würde. Beide repräsentieren die atl. Prophetie an der Wiege Jesu. Simeons Lobpreis knüpft an die Vorhersagen Dtjesajas (Jes 42,6; 49,6; 51 f.) an, Hanna an ihr atl. Vorbild (1 Sam 1 f.). Lukas berichtet hier in erzählerischer Weise, was Paulus theologisch in Gal 4,4 zusammenfasst: »Als aber die Zeit erfüllt war, sandte Gott seinen Sohn, geboren von einer Frau und unter das Gesetz getan, damit er die, die unter dem Gesetz waren, erlöste, damit wir die Kindschaft empfingen.«
Anhand des Predigttextes ließe sich problemlos eine heilsgeschichtliche Predigtreihe von Weihnachten bis Lichtmess (2. Februar) gestalten, an dem Lk 2,22–24 wiederum Predigttext ist. Allein die Personen, die hier zusammengeführt werden, böten dazu eine Fülle von Möglichkeiten. In der spezifischen Situation zwischen Weihnachten und dem Jahresende möchte ich dieser Versuchung widerstehen und eine klare Auswahl treffen: Ich konzentriere mich auf Simeon und Hanna und ihr »Warten« auf Erlösung.
Dabei lohnt es sich, an diesem ganz »normalen« Sonntag zwischen all den Festgottesdiensten, zu dem im Normalfall auch nur die ganz »normalen« Gottesdienstbesucherinnen und -besucher zu erwarten sind, die Unterschiede zur Weihnachtsgeschichte aufzugreifen. Statt Engeln und Hirten an der Krippe begegnen uns hier zwei alt gewordene Gläubige in ihrem Gotteshaus. Keine Jungfrauengeburt, sondern ein jüdisches Ritual zur Reinigung der Wöchnerin (V. 22), keine Erinnerung an die Botschaft Gabriels, sondern die Verwunderung der Eltern über den Prophetenspruch Simeons (V. 33). Gegenüber der Weihnachtsgeschichte bietet Lk 2,22–38 nicht nur einen abrupten Ortswechsel in den religiösen All-

tag der Menschen seiner Zeit, sondern auch einen paradoxen Richtungswechsel im Verständnis des neugeborenen Jesus. Während in der Weihnachtsgeschichte Gott seinen Sohn in die Welt sendet, wird hier das Kind im Tempel seinem himmlischen Vater dargebracht.

Predigtidee

Simeon und Hanna erinnern mich an Personen aus meiner Gemeinde: Gottesfürchtige, Gerechte, Wartende, Trostsuchende. An diesem Sonntag zwischen den Feiertagen werden sie den Kern der Gottesdienstbesucher bilden. Für sie und ihre Erwartungen möchte ich über Simeon und Hanna predigen!

Predigtthema

Erfüllung der jüdisch-christlichen Heilserwartung bei Simeon und Hanna: Jesus Christus als Trost für alle, die auf Erlösung warten.

Vorschläge zur Liturgie

Votum

Ich begrüße Sie herzlich zum Gottesdienst an diesem Sonntag »zwischen den Jahren«. Dieser Sonntag ist traditionell Simeon und Hanna gewidmet, zwei »Gottesfürchtigen«, die auf Trost und Erlösung warten. Dieses Warten und seine Erfüllung sind das Thema unseres Gottesdienstes.

Poetischer Impuls für das Eingangsgebet

Worauf warten wir?

Worauf warten wir.
Jahr um Jahr.
Tag für Tag.
Heute. Jetzt.

Oder warten
wir auf nichts.

Kennen wir den
der kommen wird
oder den
der wiederkommt
oder den
der immer da war.
Oder wartet
er auf uns?

Arnim Juhre, aus: ders., Frieden will geboren sein. © Lutherisches Verlagshaus, Hannover 2001

Kyrie

Gott, an Weihnachten haben wir gefeiert, dass du in diese Welt gekommen bist. Als ein Kind, das Frieden auf Erden und Wohlgefallen zwischen den Menschen stiftet. Und doch erleben wir immer wieder, wie Unfriede sich breit macht und die Gemeinschaft zwischen uns Menschen zerstört wird. Wir hoffen und warten auf deinen Frieden, Gott!

Gloria

Ich hoffe auf dich, Gott,
niemand ist heilig wie du,
du hast die Kraft, alles zu wenden,
Hungrige satt zu machen,
Arme reich und Niedrige zu erhöhen.
Du änderst die Welt durch die Geburt eines Kindes.
Du bringst neues Leben in meine Wirklichkeit.
Darum vertraue ich auf dich
und warte auf dich,
denn ich weiß, dass du mich nicht vergisst. Amen.

Fürbitten

Keine Zeit im Jahr ist mit solchen Erwartungen verbunden wie Weihnachten.
Unsere Hoffnungen, unsere Sehnsüchte werden spürbar an diesen Tagen.

Wir wollen dir danken, Gott, für die erfüllten Augenblicke in diesen Tagen, Zeiten, in denen wir dir und anderen ganz nahe waren.
Wir bitten dich um deinen Beistand dort, wo sich unsere Hoffnungen und Erwartungen nicht erfüllt haben.
Wir bitten dich für die, die allein geblieben sind über die Feiertage,
für die Menschen in der Welt, die umsonst auf Frieden gewartet haben,
die umsonst auf etwas zu essen gehofft haben.
Begleite uns Gott, in diesen Tagen,
gib uns Trost und schenk uns deine Gegenwart. Amen

Lesungen
Psalm 71 oder 27; Jes 49,13–16 oder 1 Sam 2,1–10; 1 Joh 1,1–4

Lieder
Fröhlich soll mein Herze springen EG 36
Ein Volk, das noch im Finstern wandelt EG 20
Uns wird erzählt von Jesus Christ EG 57
Gott sei Dank durch alle Welt EG 12
Eine freudige Nachricht breitet sich aus EG 580 (württ. Regionalteil)
Mit Fried und Freud fahr ich dahin EG 519
Lobgesang des Simeon EG 782,10 (württ. Regionalteil)
Sende dein Licht und deine Wahrheit EG 172

Vorschlag zur Predigt

Möglicher Anfang
Mit der rituellen Reinigung der Mutter und der symbolischen Heiligung ihres Erstgeborenen an Gott endete nach jüdischem Verständnis die besondere Zeit der Geburt. Mit der Erzählung, wie Jesu Eltern und er dieses Ritual erleben, endet bei Lukas auch die Weihnachtsgeschichte. Hier gibt es keine Engel oder anbetende Hirten mehr. Man könnte fast sagen, der (religiöse) Alltag hat sie wieder. Damit stellt sich die Frage: Was ist jetzt nach Weihnachten? Welche Bedeutung hat all das überirdische Geschehen, das dort berichtet wird, jetzt für uns? Die Antwort auf diese Fragen geben Simeon und Hanna, ein gottesfürchtiger Mann und eine alte, verwitwete Frau. Zwei Menschen, die warten: auf

den »Trost Israels« wartet Simeon, auf die »Erlösung Jerusalems« wartet Hanna!

Zum weiteren Verlauf

Vergegenwärtigung der Heilserwartung Israels zur Zeit Jesu anhand der Rückverweise im Predigttext: Befreiung von Unterdrückung, Wiedererstehen Israels als Licht der Völker (Jes 49,6), Trost – »er macht ihre Wüste wie Eden« (Jes 51,3) –, Gerechtigkeit, Jauchzen und ewige Freude (Jes 51,5.11); Überwindung von Hunger, Tod und Armut (1 Sam 2).
Übertragung dieser Hoffnung auf die persönliche Ebene: Simeon als jemand, der auf diesen Trost vertraut und aus der Hoffnung darauf lebt. Ihm war versprochen worden, dass er nicht eher sterben würde, als bis er den Messias gesehen habe. Wie lange trägt eine solche Zusage, ohne dass man die Hoffnung aufgibt? Was wird er alles in seinem Leben erfahren haben, bis zu dem Augenblick, in dem sich die ihm gemachte Verheißung erfüllt? Wie lange mag Simeon auf diesen Augenblick gewartet haben?
Parallel dazu Hineindenken in das Schicksal Hannas: Früh verwitwet, diente sie den Rest ihres Lebens Gott mit Fasten und Beten Tag und Nacht (welch Kontrast zu der Art und Weise, wie wir Weihnachten feiern!). Dann erfüllt sich diese Hoffnung, ist das Warten zu Ende. Aber so ganz anders als gedacht: Der Messias kommt nicht als mächtiger König, der die Völker unterwirft und das israelitische Großreich wieder aufrichtet, nicht als großer Weltenrichter, der die Ordnung der Welt umwirft. Wie muss es Simeon und Hanna gegangen sein, als sie dieses Kind in ihren Armen hielten und doch wussten: »Das ist mein Heiland, den du bereitet hast vor allen Völkern, ein Licht zu erleuchten die Heiden, die Erlösung Jerusalems.«
Übertragung in die Gegenwart: Menschen wie Simeon und Hanna begegnen uns auch heute (siehe Kontexte).

Möglicher Schluss

Simeon und Hanna stehen für die Glaubenserwartung des Volkes Israel. Ihr Warten auf Trost und Erlösung verbindet uns mit ihnen. Der Lobpreis Simeons ist in das Abendgebet der Christinnen und Christen in aller Welt eingegangen. Gemeinsam können wir heute sagen: »Herr, nun lässt du mich in Frieden fahren, wie du gesagt hast; denn meine Augen haben deinen Heiland gesehen.«

Gestaltungsideen

Texte der Erwartung des Heils (aus Jes 49–51) und Texte der Erfüllung (aus Lk 1–2) von verschiedenen Sprecherinnen und Sprechern im Raum verteilt lesen lassen.
Dialogpredigt: Simeon und Hanna verlassen nach der geschilderten Begegnung gemeinsam den Tempel. Was haben sie sich wohl zu sagen?
Als Fürbitte EG 16 »Die Nacht ist vorgedrungen« und zwischen den Strophen gemeinsam die Verse des anschließenden Zwischentexts von J. Klepper sprechen.
EG 580 (württ.) »Eine freudige Nachricht breitet sich aus«. Zwischen Strophe und Kehrvers jeweils aktuelle Nachrichten einbauen.

Symbole, Aktionen

Den weihnachtlichen Geschenk- und Gabentisch vor der Predigt zu einem Fasten- und Gebetstisch (für Hanna) umgestalten.
Die Begegnung mit Simeon und Hanna im Tempel mit Egli-Puppen aufstellen (als Gegenüber zur Weihnachtskrippe).

Kontexte

Immer wieder habe ich in den vergangenen Monaten eine alte Frau besucht, die kurz vor ihrem einhundertsten Geburtstag steht. Sie ist schon sehr schwach und liegt den größten Teil des Tages auf einer Couch in der Küche. Wenn ich zu Besuch komme, wird sie von der Tochter mühsam aufgerichtet. Mit ihren schlecht gewordenen Augen versucht sie mich gegen das Licht zu erkennen. »Wer sind Sie?« fragt sie dann mit brüchiger Stimme und gleich nach meiner Antwort noch mehrmals, »wer sind Sie?«, bis sie verstanden hat, dass ich der Pfarrer bin. Beim letzten Besuch hat sie mich auf einmal am Arm gefasst: »Wissen Sie, wenn ich an meinen Herrn Jesus denke, dann wird mir auf einmal ganz leicht ums Herz. Dann ist mir, als könnte ich wieder springen.« Und dabei hüpfte sie mit ihren fast hundert Jahren auf ihrer Couch auf und ab und strahlte über das ganze Gesicht. Ich weiß nicht, ob es wünschenswert ist, 100 Jahre alt zu werden, aber solche Glaubensgewissheit, die wünsche ich mir!

An einem der Abende, als die Menge den musikalischen Vorführungen zuhörte, stand ich neben einem 80-jährigen Quechua-Mann. Er hatte ein breites Lächeln auf seinem Gesicht, und mir fiel auf, dass er vor Freude strahlte. Wir unterhielten uns über das Festival, und er erzählte mir, dass er und die anderen Gläubigen einen ganzen Tag lang zu Fuß unterwegs gewesen waren, um nach Yungay zu kommen, weil es keine Straße bis zu ihrem Dorf gibt. Ihm liefen Tränen über die Wangen, als er über das Fest und die Quechua-Lieder sprach. Er sagte: »Ich war der erste Christ in meinem Dorf. In jenen Tagen wurden wir verfolgt und verspottet. Damals hätten wir uns nicht vorstellen können, dass wir einmal so etwas wie dieses Fest erleben würden – mit so vielen Christen, die zusammenkommen und dem Herrn freudig und frei Lieder singen! Ich bin ein alter Mann. Ich weiß nicht, ob ich noch einmal an solch einer Begegnung teilnehmen kann, aber ich bin sehr dankbar, dass der Herr mir ein so langes Leben geschenkt hat, dass ich dies miterleben kann.« Als er mir das erzählte, kam mir Lukas 2,29-30 in den Sinn, wo geschildert wird, wie Simeon schließlich das Kommen des Messias sah.

Tito Paredes: Eine singende missionarische Kirche. Zitiert nach: ÖRK: Ökumenischer Brief über Evangelisation Nr. 2, Juni 1999

Tipps zum Text

H. Albertz: Am Ende des Weges. Nachdenken über das Alter. München 1989. (Lebensbilanz des Pfarrers und Politikers).

Die Universität Köln bietet im Internet unter www.uni-koeln.de/ew-fak/Bildtheologie/diathek/ im Verzeichnis KJ IV eine Reihe von klassischen Gemälden zur Darstellung Jesu im Tempel.

Altjahrsabend

Das Evangelium nach Lukas 12,35–40

Christel Weber

Exegetisch-homiletische Skizze

Auf das Heil warten und wachen

»Lasst eure Lenden umgürtet sein und eure Lichter brennen.« (V. 35) Die Mahnung, sich für die Ankunft des Herrn bereitzuhalten, überschreibt unsere Perikope. Sie wird in zwei Gleichnissen entfaltet, die je ihren eigenen Akzent haben:

Das erste Gleichnis in den VV. 36–38 betont den Heilscharakter der Ankunft des Herrn: Er wird in hochzeitlicher Feststimmung kommen und die Verhältnisse auf den Kopf stellen: Denen, die sich bereithalten, ihm zu dienen, wird er dienen und sie an seinem Tisch bewirten. Der Herr kommt (zur Überraschung der Knechte?) nicht, um sie zur Rechenschaft zu ziehen, sondern um für sie zu sorgen. Die wachsamen Knechte können sich auf die Ankunft ihres Herrn freuen.

V. 39 vergleicht die Ankunft des Herrn mit einem Einbruch. Der Herr kommt unerwartet. Das ist offenbar nicht nur ein Grund sich zu freuen (s. o.), sondern macht auch Angst. Der Vergleichspunkt zwischen Bildebene (Einbruch) und Sachebene (Ankunft des Herrn) ist der unerwartete Zeitpunkt. Weitere Vergleichspunkte, obschon sie diskutiert werden (der Herr als Dieb; der Dieb als falscher Christus, der die Gemeinde raubt), strapazieren das Gleichnis m. E. zu sehr.

Der Vergleich mit den Wachsamkeitsappellen bei Matthäus (24,42 ff.) und Markus (13,33 ff.) erhellt, worum es in unserer Perikope (Lk 12,35–40) im Besonderen geht:

Markus kennt nur das erste Gleichnis. Bei ihm wacht ein Türhüter stellvertretend für alle. Lukas dagegen fordert die ganze Gemeinde auf zu wachen.

Matthäus nimmt wie Lukas beide Gleichnisse auf. Aber während die Knechte bei Matthäus in der Wartezeit den ihnen anvertrauten Leuten zu essen geben, erschöpft sich das Warten bei Lukas im Wachen und Bereitstehen. In unserer Perikope geht es Jesus nicht um ein bestimmtes Tun, sondern um ihre Haltung in allem Tun, nicht um die Arbeit ihrer Hände, sondern die Sehnsucht ihres Herzens und um ihre Ausrichtung auf seine Wiederkehr. Die Knechte, die sich Jesus wünscht, »achten auf jedes Klopfzeichen«. (F.-W. Marquardt, s. u., Seite 31)

Typisch für das Lukas-Evangelium ist die Betonung der Umkehrung der Verhältnisse:

Während Jesus bei Matthäus die Knechte zur Belohnung für ihre Wachsamkeit und Treue als Herrscher über seine Güter einsetzt (bei Markus fehlt ein Hinweis auf die Belohnung), tauscht der lukanische Jesus mit den Knechten die Rolle: Jesus schürzt sich, bittet zu Tisch, dient. Die Diener werden zu Gästen an seinem Tisch. »Er wird ein Knecht und ich ein Herr; das mag ein Wechsel sein.« (EG 27,5)

Das System von Herrschaft und Knechtschaft wird nicht reproduziert (wie bei Matthäus), sondern ad absurdum geführt, wenn Gott, dem alle Macht gebührt, auf Macht verzichtet: »und nimmt an eines Knecht's Gestalt, der Schöpfer aller Ding«. (EG 27,3) So beginnt die Heilszeit. Wer nicht wach bleibt, verspielt also das Heil, nichts weniger. (Böhm, Seite 95)

Der Herr, der dienen will – das wird dann auch zum Erkennungszeichen für die Knechte, denn der Herr, der kommen wird, ist derselbe Herr, der schon gekommen ist, der seinen Jüngern die Füße wusch (Joh 13, 4–14) und sie lehrte, dass wahre Größe im Dienen besteht (Lk 22,26.27 par).

Auf das neue Jahr warten – auf den Herrn warten

Am Altjahresabend schauen wir häufiger als sonst auf die Uhr. Wie die Knechte bei Lukas stehen wir geschürzt und mit zum Brennen bereiten Lichtern und warten auf den magischen Moment um Mitternacht. Die letzten Sekunden des alten Jahres zählen wir mit. Nicht selten beschleicht uns dabei ein wehmütiges Gefühl. »Die Zukunft liegt (eben) in Finsternis und macht das Herz uns schwer.« (Volksweise)

Was sollen und können wir hoffen? Dass alles beim Alten bleibt, wünschen sich die einen; dass das neue Jahr besser wird als das alte, die anderen. Vorfreude und Angst liegen wie in den beiden Gleichnissen nah beieinander. Und einige gibt es sicher auch, die sich wie die Knechte bei Lukas danach sehnen, dass eine Zeit kommt, in der sie »etwas« (Gott?)

von allen Sorgen befreit, die ewige Wiederkehr des Gleichen durchbricht, alles zum Guten verändert. Und wenn es einen Moment im Jahr gibt, an dem wir anderen das verstehen, dann ist es der Altjahresabend; denn der Blick in den nächtlichen, funkelnden Himmel macht sehnsüchtig.

Es gibt also einige Anknüpfungspunkte zwischen unserem Predigttext und der Situation eines Durchschnittsmenschen am Altjahresabend:

- das Warten (auf den Herrn – auf das neue Jahr)
- die Mischung aus Vorfreude und Ungewissheit
- die Sehnsucht, dass sich unser Leben zum Guten wenden möge und »Friede auf Erden« werde.

Bedeutsamer sind die Differenzen:

- Während die Ankunft des neuen Jahres berechenbar ist, kommt der Herr wie ein Dieb in der Nacht. Wann, das wissen wir nicht. Wir, seine Knechte, sollen seine Abwesenheit aushalten, ohne an seinem Kommen zu zweifeln. Jeden Tag kann er kommen – oder: »Advent (= Ankunft) ist immer«. (E. Bloch)
- Das Wachbleiben vor dem mitternächtlichen Jahreswechsel ist eine (kurzfristige) physische Anstrengung, Wachbleiben bis zur Ankunft des Herrn dagegen eine Haltung des Geistes, die sich quer legt zu allem, was wir nach wie vor an Alltag zu bewältigen haben: Wir gehen unserer Arbeit nach, brauchen unseren Schlaf, sorgen für unsere Mitmenschen (darin sind wir eher wie die Knechte bei Matthäus!). Uns bereithalten im Sinne der Lukas-Perikope heißt mitten im Alltag spirituell zu leben, die Sehnsucht nach dem Herrn und die Gewissheit seines Kommens zum tragenden Pfeiler unseres Lebens zu machen.
- Vom neuen Jahr können wir realistisch nur eine wiederkehrende Mischung aus Gutem und Bösem erwarten. Das spiegelt sich in der Wehmut um Mitternacht. Die Ankunft des Herrn hingegen verheißt die Wendung zum Guten und zugleich den radikalen Bruch mit allem, was gewesen ist. Wenn der Herr kommt, wird sich alles als endlich erweisen: unser Glück wie unser Unglück, die Herrschaft wie die Knechtschaft. In dieser Sichtweise liegt Kraft für die Gegenwart. Was einst alle als endlich erkennen werden, ist jetzt schon zum Ende bestimmt: das ist tröstlich für die, die mit Angst in das neue Jahr gehen und heilsam für die, die sich an ihr begrenztes Glück klammern. Der Blick auf die Ankunft unseres Herrn befreit uns davon, unsere Wirk-

lichkeit für absolut zu halten. Wir werden sensibel für eine andere Wirklichkeit, die wir im Glauben schon annehmen. Gelassenheit und Zuversicht sind die Früchte solchen Glaubens. Wer könnte das im neuen Jahr nicht gebrauchen.

Predigtidee

Ich tue mal so, als ob der Herr im neuen Jahr kommen würde. Der Countdown bis zu seiner Ankunft läuft.

Alternative Predigtidee

Die Umkehrung der Verhältnisse bei der Ankunft des Herrn thematisieren: der Herr als Diener. »Nicht bereit sein ist alles. Sich dienen lassen ist alles.« Kämpferisch ausgeführt bei F. W. Marquardt, in: Assoziationen, Gedanken zu biblischen Texten Band 1, hrsg. von Walter Jens, Stuttgart 1978, Seite 30 ff.
Wenn diese Idee aufgegriffen wird, dann beginnt man am besten mit dem Erleben der Knechte, die sich schürzen, die Lampen anzünden und (trotz möglicher Freude auf den Herrn) sicher nicht damit rechnen, dass der Herr kommt, um ihr Diener zu werden.

Predigtthema

Die Ankunft des Herrn und wie wir uns darauf vorbereiten.

Vorschläge zur Liturgie

Eingang
Schwestern und Brüder, seht auf und erhebt eure Häupter.
Ein Jahr geht zu Ende. Ein neues Jahr bricht an. Auch dieses ist ein Jahr des Herrn. Denn es ist der Herr, der ist, der war und der kommt. Lasst uns in der Stille vor ihn treten:
Stille

Kyrie (entfaltet)

Gott und Herr, das alte Jahr liegt hinter uns, das neue Jahr vor uns. Was wird kommen? Das, was schon einmal war? Das, was noch nie war? Glück? Leid?
Gott und Herr, wenn *du* nur kommst, wenn *du* nur bleibst!
Herr, erbarme dich.
Es folgt ein gesungener Kyrieruf, (s. u.)

Gloria (entfaltet)

Gott und Herr, das alte Jahr liegt hinter uns, das neue Jahr vor uns. Was war, kann uns nicht trennen von dir:
Du vergibst, du segnest, du verbindest Wunden.
Auch was sein wird, kann uns nicht trennen:
Du stärkst uns für das, was vor uns liegt, nimmst uns die Angst. Du bist in allem unsere Hoffnung und unsere Freude.
Wir loben dich und singen dir zur Ehre:
Es folgt ein gesungenes Gloria, möglichst mehrstimmig, (s. u.)

Fürbitten

(Alternative zu diesem Gebet: EG 58,7–15)

Liturgin/Liturg:
Gott und Herr der Zeiten,
wieder ist ein Jahr vorbei. Wir sehen auf das, was gewesen ist: Manches hat uns in diesem Jahr das Herz schwer gemacht: Krankheit, Sorgen, der Tod eines geliebten Menschen, viele Fragen.

Lektorin/Lektor:
Gott und Herr der Zeiten,
manches hatten wir vor in diesem Jahr: Wir wollten mehr Geduld haben, mehr Kraft für andere und auch für uns selbst, mehr Verständnis, mehr Solidarität, mehr Klarheit, mehr Ruhe, mehr Gelassenheit ... Es bleibt viel Unvollkommenes und Versagen.

Liturgin/Liturg:
Gott und Herr der Zeiten,
manches haben wir nicht verstanden in diesem Jahr: Es gab Konflikte, die sich nicht lösen ließen. Wir waren wütend auf Verhältnisse, die wir nicht ändern konnten, auf Schicksale und Tragödien, die uns nicht

schlafen ließen, und auch uns selbst konnten wir manches Mal nicht verstehen.
Gott, nimm diese Last von uns. Wir rufen zu dir:

Gemeinde singt: EG 178,9 oder 178,10 oder 178,11

Lektorin/Lektor:
Gott und Herr der Zeiten,
manches hat uns im vergangenen Jahr froh gemacht: Ein Kind ist geboren. Wir haben Freunde gewonnen. Wir waren unterwegs und du hast uns behütet. Wir sind nach Krankheit und Traurigkeit aufgestanden mit neuer Kraft und neuem Mut. Dafür danken wir.

Liturgin/Liturg:
Gott und Herr der Zeiten,
manches ist uns im vergangenen Jahr gelungen: Wir konnten Freude schenken. Wir haben einem Menschen helfen können.
Wir haben in einer entscheidenden Situation klar und umsichtig reagieren können. Wir haben uns selbst besser kennen gelernt. Dafür danken wir.

Lektorin/Lektor:
Gott und Herr der Zeiten,
wichtiger aber als alles, was uns missraten oder gelungen ist, war deine Hilfe, deine Freundschaft. *Du* warst es, der uns durch die wechselnden Zeiten hindurch getragen hast. Dafür danken wir dir und rufen zu dir:

Gemeinde singt: EG 178,9 oder 178,10 oder 178,11

Liturgin/Liturg:
Gott und Herr der Zeiten,
wir bringen wir vor dich alles, was war: Hilf uns Abschied zu nehmen von dem, was gewesen ist. Hilf uns in Erinnerung zu behalten, was wichtig gewesen ist. Hilf uns loszulassen, was uns am Leben hindert.

Lektorin/Lektor:
Gott und Herr der Zeiten,
wir bringen vor dich alles, was kommen *wird:* Nimm von uns die Angst. Schenk uns Gelassenheit und Zuversicht für das neue Jahr. *Du* wirst ja da sein. Nähre in uns die Sehnsucht nach dir, nach deinem Reich. Gib uns und der Welt Frieden.
Wir rufen zu dir:

Gemeinde singt: EG 178,9 oder 178,10 oder 178,11

Liturgin/Liturg:
Und alles, was wir jetzt noch auf dem Herzen haben, das sagen wir Gott in einem Moment der Stille:
Stille

Gemeinde singt: EG 178,9 oder 178,10 oder 178,11

Liturgin/Liturg:
Das alles bitten wir dich durch Jesus Christus.

Gemeinde: Amen.

Lesungen: Psalm 121; Epistel: Römer 8,31b–39; Evangelium = Predigttext: Lukas 12,35–40.

Lieder
EG 27 Lobt Gott, ihr Christen alle gleich (Strophe 5!)
Ich hebe meine Augen auf (aus Psalm 121), in: Der Gottesdienst. Liturgische Texte in gerechter Sprache, Seite 519 f.
als Kyrielied (Sehnsucht nach Gottes Ankunft) z. B.: EG 7 O Heiland, reiß die Himmel auf
Als Glorialied ein mehrstimmiges Lied: der Chor, der dem Herrn zum Empfang singt: EG 2, EG 26 (Kanones), EG 580 (Kanon, Regionalteil für Westfalen, Rheinland, Lippe)
EG 152 Wir warten dein, o Gottes Sohn
EG 152 Der Himmel, der ist, ist nicht der Himmel, der kommt
EG 147 Wachet auf, ruft uns die Stimme
EG 652 Von guten Mächten
Anstelle eines Fürbittengebetes: EG 58,7–15
Als Schlusslied schwungvoll gespielt und gesungen immer noch ein Energieschub: »O when the saints go marchin‘ in« (deutsch: »Ja, wenn der Herr einst wiederkommt«) = Nr. 91 in »Liederbuch«, Bundverlag GmbH Köln 1996, 12. Auflage.

Vorschlag zur Predigt

Möglicher Anfang

In wenigen Stunden bricht das neue Jahr an. Es wird eindrucksvoll beginnen mit einem großen Feuerwerk. Und doch wahrscheinlich ein Jahr werden wie viele zuvor: mit Krieg und hoffentlich auch mit Frieden, mit Hunger und Übersättigung, mit Krankheit und Gesundung, mit Todesfällen und Geburten – ein Jahr wie viele andere auch, mehr oder weniger gut für uns, mehr oder weniger gut für die Welt ... Wir wissen ja nicht, was kommt. Oder doch?

»*Wir* wissen wohl, was kommt«, sagen uns die Knechte aus dem Gleichnis in unserem Predigttext: »Gott selbst wird kommen«. Das allerdings ist eine ungewohnte Aussicht für mich; ich nehme an, auch für Sie. »Wann kommt er denn?«, frage ich die Knechte. »Irgendwann«, sagen sie – »aber es kann jeden Tag sein. Heute, morgen. Jedenfalls ist er schon unterwegs.« »Aber ...«, möchte ich sagen, »woher wisst ihr, dass er kommt.« »Von ihm selbst«, sagen seine Getreuen, »von ihm selbst. Er hat es versprochen.« ...

Zum weiteren Verlauf

Ich lasse mich auf den Gedanken der Knechte ein: Gott kommt sicher. Ich spiele durch, wie es wäre, wenn der Herr im nächsten Jahr käme. Was würde ich tun? Die ersten Gedanken beflügeln meinen Aktionismus: Urlaub absagen, Karriereplanung stoppen, den kranken Vater nicht ins Altenheim bringen, sondern zu mir nehmen, liebe Leute besuchen, feiern. Die zweite gedankliche Runde gleicht mehr einem inneren Aufräumen: mich mit einigen Menschen aussprechen, versöhnen, für meine Freunde danken, die erzieherischen Hürden im Umgang mit meinen Kindern gelassen angehen, den Stress bei der Arbeit abschütteln, aufatmen beim Gedanken an unsere hungernden Freunde in Tanzania, die Flüchtlinge in Afghanistan. Bald wird alles neu – und die Armen kommen zu Ehren ...

Möglicher Schluss

Gott kommt. Er selbst hat es versprochen. Vielleicht ist es gar nicht so wichtig zu wissen, wann genau. Wichtiger ist es, dass er schon zu uns unterwegs ist und dass wir ihn auch im neuen Jahr erwarten. Ich werde sicher nicht wie die Knechte Tag und Nacht an der Tür stehen. Ich werde essen und schlafen, arbeiten und feiern. Aber ich habe eine Sehnsucht im Herzen, und zu wissen, dass Gott unterwegs ist, macht mich stark. Ich will mit Gott rechnen im neuen Jahr. Ich will damit rechnen, dass er plötzlich da ist. Hilft, wo keine Hilfe mehr ist, rät, wo ich keinen Rat mehr habe, da ist, wo ihn alle abgeschrieben haben. Und mir Frieden schenkt, der von Dauer ist.

Gestaltungsidee

Eine Person, die vor der Uhr (s. u.) sitzt. Sie thematisiert ihre Gefühle vor dem Anbruch des neuen Jahres: Nur noch wenige Minuten bis Mitternacht ... Was meine Wehmut ausmacht ... Wovor ich Angst habe ... Worauf ich mich freue ...
(Diese Sprechszene ist nicht zwingend: Der Altjahresabend-Gottesdienst ist meiner Erfahrung kein Kasus für Events, eher ein ruhiger Gottesdienst, der einen seelsorgerlichen Akzent haben darf.)

Symbole, Aktionen

Eine große tickende Uhr. Wenn die nicht zu haben ist, dann eine große Uhr aufmalen (kurz vor Mitternacht), an der das Warten auf das neue Jahr verdeutlicht wird. Vor allem als Hilfe zum Predigteinstieg gedacht.

Neujahr
Das Evangelium nach Lukas 4,16–21

Anke Zimmermann

Exegetisch-homiletische Skizze

Die für den Neujahrstag vorgeschlagene Perikope trägt in der Lutherbibel die Überschrift »Jesu Predigt in Nazareth«. In ihr begegnet uns eine Textkomposition des Lukas, die die Verse 18 ff. als Antrittspredigt Jesu erscheinen lässt, worauf auch die Überschrift der vorhergehenden Verse 14 f. (»Der Beginn des Wirkens Jesu in Galiläa«) hinweist. Nach der Taufe Jesu (Lukas 3,21 f.) und der Versuchung in der Wüste (Lukas 4,1–13) beginnt die öffentliche Wirksamkeit Jesu in Galiläa. Lukas erzählt, dass Jesus scheinbar ganz selbstverständlich in den Synagogen lehrt und dort zunächst auch gut aufgenommen wird (Vers 15). Das ändert sich aber, als Jesus nach Nazareth in seine Heimatstadt kommt.
In den nun folgenden Versen 15–30 wird berichtet, dass Jesus den Synagogengottesdienst am Sabbat besucht und dort öffentlich in Erscheinung tritt. Seine Auslegung des Prophetenwortes aus Jesaja 61 löst in der Gemeinde Verwunderung aus. Es kommt zu einer Diskussion zwischen Jesus und Mitgliedern der jüdischen Gemeinde. Die Antworten Jesu machen die Hörenden zornig, so dass Jesus schließlich aus der Stadt hinausgeführt wird und einen Abhang hinunter gestürzt werden soll (Vers 29). Die ganze Dramatik der Geschichte wird durch die begrenzte Versauswahl der Perikope nicht aufgenommen. Lukas will deutlich machen, dass Jesus sich aufgrund der Ablehnung durch Großteile der jüdischen Gemeinde den Heiden zuwendet. Das ist die ursprüngliche Intention des Textes.

Einzelexegese
Vers 16: Jesus kommt nach Nazareth, die Stadt, in der er aufgewachsen ist und als Sohn des Zimmermanns Josef bekannt gewesen ist. Er be-

sucht am Sabbat den Gottesdienst in der Synagoge. Der Hinweis »nach seiner Gewohnheit« verweist darauf, dass Jesus in der Tradition des jüdischen Glaubens erzogen worden ist und ganz selbstverständlich am Synagogengottesdienst teilnimmt. Jesus erhebt sich im Gottesdienst von seinem Platz, um die Lesung vorzunehmen. Die Spekulationen darüber, ob er darum gebeten worden ist, vom Heiligen Geist gelenkt wurde oder aus eigener innerer Entschlossenheit lesen will, scheinen mir nicht weiterführend.

Vers 17: Das Buch des Propheten Jesaja wird ihm zum Vorlesen (lectio) gereicht. Jesus findet »nicht zufällig, sondern vom Geist geleitet«, (Grundmann, 120) die Stelle Jesaja 61,1 f.

Vers 18: Lukas zitiert das Prophetenwort nach der Septuaginta, ohne die »in ihrem Herzen Zerbrochenen zu heilen« aufzunehmen und neben dem Gnadenjahr des Herrn auch den Tag der Vergeltung anzuführen. Benannt wird der Auftrag Gottes, das Evangelium den Armen zu verkündigen, den Gefangenen Freiheit, den Blinden, dass sie sehen werden und den Zerschlagenen, dass sie frei werden sollen. Diese Beauftragung Gottes ist mit der Gabe seines Geistes untrennbar verbunden. »Die Stelle trägt messianischen Charakter und wird als in der Erfüllung begriffen bezeichnet.« (Grundmann, 120)

Vers 19: Das Gnadenjahr des Herrn soll verkündigt werden. Damit wird die Tradition des Erlassjahres aufgenommen vgl. Levikitus 25,10 ff. Der Tag der Vergeltung wird nicht aufgenommen, da Jesus für Lukas eindeutig das Heil bringt und nicht den Tag des Gerichts.

Vers 20: Nach der Lesung des Prophetenwortes erfolgt dessen Auslegung, die gespannt von den Hörenden erwartet wird. Jesus steht im Mittelpunkt des Geschehens. Alle Augen sind auf ihn gerichtet.

Vers 21: Jesu Auslegung ist prägnant und provozierend. Das Wort des Propheten ist durch ihn »vor euren Ohren« erfüllt. Jesus beansprucht mit seinem Kommen das Heil als die Erfüllung der Schrift zu bringen. Mit ihm ist das Gnadenjahr Gottes angebrochen. »Die sichtbare Erfüllung der Schrift hat bei der Taufe Jesu stattgefunden; jetzt folgt die hörbare Botschaft von dieser Erfüllung. So verfeinert sich das Schema Verheißung und Erfüllung. Diese geschieht in Tat und Wort, im Ereignis und in seiner Deutung, in der Geschichte und in der Predigt.« (Bovon, 213)

Homiletische Überlegungen
In den Gottesdiensten zum Neujahrstag kommt eine Kasualgemeinde zusammen. Das Besondere dieses ersten Tages im neuen Jahr ist nicht zu unterschätzen. Im Hinblick auf das, was im Jahr 2003 kommen wird, gibt es Hoffnungen und Befürchtungen, Wünsche und Ängste, Erwartungen und Sorgen gleichermaßen. Für diese Ambivalenz der Gefühle und Gedanken sollte der Gottesdienst über den Klage- und Lobteil hinaus einen Raum eröffnen können. Die seelsorgerliche Dimension einer Neujahrspredigt sollte dabei nicht zu gering erachtet werden. Inmitten aller Ungewissheit und aller Unwägbarkeiten am Anfang eines neuen Jahres möchte ich die GottesdienstbesucherInnen ermutigen, dass sie zuversichtlich ihren Weg in ein neues Jahr hinein gehen können, weil Gott an ihrer Seite ist.

Verwendete Literatur
Walter Grundmann: Das Evangelium nach Lukas, Theologischer Handkommentar zum NT III
François Bovon: Das Evangelium nach Lukas, EKK NT 1. Teilband III/1

Predigtidee

Die historische Situation des Textes scheint mir wenig hilfreich, um darin einen guten Ausgangspunkt für die Auslegung im Hinblick auf den ersten Tag eines neuen Jahres zu finden. Daher entscheide ich mich dafür, sie unberücksichtigt zu lassen. (Ich weiß, dass das gewagt ist.) Lieber möchte ich versuchen, die Worte des Propheten Jesaja mit Leben zu füllen und in diesem Kontext ermutigende Jesusgeschichten zu erzählen. Dabei setze ich darauf, dass diese Geschichten auch heute noch eine Kraft entwickeln, die uns weiterhelfen kann. Ich bin mir unsicher, ob das im Rahmen der Predigt explizit ausgeführt werden muss (wirklich gute Beispielgeschichten zu finden, ist schwierig und aus dem Gemeindenähkästchen zu plaudern ebenso). Lieber vertraue ich darauf, dass die PredigthörerInnen ihre eigenen Lebens- und Glaubenserfahrungen in den Geschichten wieder finden können bzw. dass die Geschichten transparent sind im Hinblick auf die eigene Lebenswirklichkeit.

Predigtthema

Ermutigung für den Weg durch ein neues Jahr

Vorschläge zur Liturgie

Votum
Im Namen Gottes beginnen wir ein neues Jahr.
Im Namen Jesu kommen wir heute zusammen.
Im Namen des Heiligen Geistes machen wir uns auf den Weg.

Psalm 121 (Wenn möglich, mit der Gemeinde im Wechsel sprechen.)

Kyrie
Am Beginn des neuen Jahres kommen wir zu Gott.
Wir bringen mit, was uns heute bewegt,
unsere Unsicherheit, ob es ein gutes Jahr für uns werden wird,
unsere Fragen, ob sich unser Leben so gestaltet wie wir es uns wünschen,
unsere Sorgen, ob wir in Frieden, Freiheit und Wohlstand weiterleben können,
unsere Ängste, ob wir ausreichend Kraft haben für schwere Zeiten.
So kommen wir zu Gott,
bringen in der Stille vor Gott,
was uns auf dem Herzen liegt,
wenn wir an dieses neue Jahr denken:
Stille
Wir bitten Gott um Erbarmen für alles, was kommen wird.
Gemeinde: Kyrie-Ruf

Gloria
Am Beginn eines neuen Jahres kommen wir zu Gott.
Wir bringen mit, was uns heute bewegt,
unsere Hoffnungen, dass die Beziehungen, in denen wir leben, gut und beständig bleiben,
unsere Wünsche, dass wir vor Krankheit verschont bleiben mögen,

unsere Erwartungen, dass wir Gutes und Schönes erleben werden,
unsere Sehnsüchte, dass Leben gelingen kann, Sinn und Erfüllung findet.
Alles, was kommen wird, vertrauen wir Gott an.
Aus seiner Hand nehmen wir dieses neue Jahr.
Wir beginnen es in der Gewissheit unseres Glaubens, dass wir nicht allein gelassen sind,
was immer auch kommt.
Wir danken Gott für alle treue Begleitung auf unseren Wegen.
Gemeinde: »Allein Gott in der Höh' sei Ehr'« (EG 179)
Neutestamentliche Lesung: Matthäus 11,1–6

Fürbittengebet
Gott, du bist barmherzig und gütig,
wir kommen zu dir am Beginn eines neuen Jahres und bitten um deine heilsame Nähe für alle Tage unseres Lebens. Wir bitten um deine heilsame Nähe für uns und alle Menschen, die dem neuen Jahr mit Sorge entgegensehen und die viele Befürchtungen haben. Gott, sei uns nahe in allem, was kommen wird. Schenke uns ermutigende Gedanken und gute Perspektiven.
Gott, du befreist aus Gefangenschaft,
wir bitten dich um deine heilsame Nähe für alle, die gebunden sind in ihrer Traurigkeit und Hoffnungslosigkeit. Gott, schenke du neuen Mut und Kraft zum Leben inmitten aller Klagen und Fragen. Öffne unsere Herzen für die Zeichen deiner Nähe in unserem Alltag.
Guter Gott, wir bitten dich um deine heilsame Nähe für alle Menschen, mit denen wir hier zusammenleben. Schenke uns offene Augen für die Freuden und Nöte des anderen. Schenke uns helfende Hände, die die anderen unterstützen, wenn sie es brauchen.
Hilf uns, dass wir gut zusammenleben können.
Gott du bist in Ewigkeit Gott für uns,
unsere Zeit steht in deinen Händen. Wir bitten dich um deine heilsame Nähe für jeden Tag dieses neuen Jahres. Auch wenn wir heute noch nicht wissen, was kommen wird, bleibe an unserer Seite und führe uns freundlich durch diese Zeiten.
Vater unser ...

Lieder
EG 134,1+2 »Komm, o komm, du Geist des Lebens«
EG 61,1+2+6 »Hilf, Herr Jesu, lass gelingen«
EG 632,1–5 »Wenn das Brot, das wir teilen, als Rose blüht« (Hess. Anhang)
EG 395,1–3 »Vertraut den neuen Wegen«
EG 171,1–4 »Bewahre, uns Gott, behüte uns Gott«

Vorschlag zur Predigt

Möglicher Anfang

Nach Möglichkeit einen Abreißkalender mit auf die Kanzel nehmen.

Haben Sie schon einen neuen Kalender in ihrer Wohnung hängen? Haben Sie das Deckblatt für das neue Jahr 2003 heute Morgen schon abgerissen bzw. nach hinten geklappt? (An dieser Stelle das Kalenderdeckblatt entfernen.) Ich finde, dass es etwas Besonderes ist dieser erste Tag in einem neuen Jahr, das erste Kalenderblatt mit der roten Zahl Eins. 364 Tage liegen heute vor uns. Ganz viel Alltag wird dabei sein, aber auch Festtage. Dinge, die wir geplant und vielleicht schon vorbereitet haben neben vielem anderen, was uns überraschen wird. Manchem sehe ich mit Vorfreude entgegen, anderem mit Sorge. Es gibt Erwartungen für dieses Jahr genauso wie es auch Befürchtungen gibt.

Beispiele benennen: Vielleicht weiß jemand heute schon, dass er bald operiert werden muss. Eine andere weiß, dass ihr Arbeitsvertrag in diesem Jahr auslaufen wird.

Jemand freut sich heute schon auf eine tolle Urlaubsreise, die bereits gebucht ist.

Oder ein anderer kann es kaum erwarten, dass er bald heiraten wird.

Ganz vielfältig sehen unsere Hoffnungen und Ängste im Hinblick auf dieses neue Jahr aus. Nur gut, dass wir nicht alles auf einmal leben müssen. Und auch dieses neue Jahr begegnet uns in seiner vermuteten Vielfalt ja nicht auf einmal. Tag für Tag wird es sich entfalten, werden wir es leben mit dem, was es uns bringt. Im Hier und Heute leben, jetzt, in diesem Augenblick das ist wichtig. Auf das Heute kommt es an. Dazu hören wir den Predigttext für diesen Neujahrstag.

Textlesung: Lukas 4,16–21

Jesus sagt: Heute, heute erfüllt sich die Verheißung aus dem Propheten Jesaja. Heute bricht das Gnadenjahr Gottes an. Die Armen hören die gute Nachricht von der Liebe Gottes, die allen Menschen gilt, die Gefangenen werden frei sein, die Blinden werden sehen können, und die Mutlosen können neu anfangen. Fast zu schön, um wahr zu sein, diese großen Verheißungen des Propheten. Das werden wohl einige gedacht haben, als Jesus so seine Antrittspredigt in Nazareth gehalten hat: »Er nimmt den Mund ja ziemlich voll, ob er auch halten kann, was er uns verspricht?«

Zum weiteren Verlauf

Am Leben Jesu, an seinen Begegnungen mit den Menschen aufzeigen, wie er seine Botschaft mit Leben gefüllt hat. Von den Menschen erzählen, denen im Miteinander mit Jesus die Augen aufgegangen sind (nicht unbedingt nur Bartimäus), denen seine Zuwendung Freiheit gebracht hat (z. B. die Frau am Brunnen), die neuen Mut gefunden haben (eine Heilungsgeschichte).

Das alles und noch viel mehr ist in der Gegenwart Jesu möglich geworden. Er hat die Worte des Propheten Jesaja erfüllt. Er hat das Heil für uns Menschen in Kraft gesetzt. Daraus können wir heute leben.

Möglicher Schluss

Diese heilvolle Gegenwart Jesu ist uns auch für unseren Weg durch dieses neue Jahr zugesagt.

Wir sind nicht allein gelassen, was immer da auch kommen wird. Heute leben wir in und aus der befreienden und wohltuenden Gegenwart Gottes. Spuren seiner Nähe lassen sich in unserem Leben immer wieder finden. Vielleicht entdecken wir sie erst im Rückblick, vielleicht wissen wir erst in einem Jahr, warum manches so und nicht anders war. Aber heute können wir darauf vertrauen, dass Gott es gut mit uns meint und will, dass wir ein gutes neues Jahr erleben.

Symbolische Aktion

Einen Abreißkalender mit auf die Kanzel nehmen und das Deckblatt im Eingangsteil der Predigt entfernen, so dass der erste Januar gut zu sehen ist.

2. Sonntag nach Weihnachten
Das Evangelium nach Lukas 2,41–52

Christoph Schmidt-Ehmcke

Exegetisch-homiletische Skizze

Ein aufgeweckter Junge war er – warum auch nicht? In unterschiedlichsten Kulturen gibt es die Figur des frühreifen Helden bis hin zu dem Detail, dass sich diese Reife im Alter von zwölf Jahren zeigt. Genannt werden u. a. Moses, Samuel, Josephus, Cyrus, Alexander und Buddha. Lukas entwickelt seine Jesusgeschichte »in überbietendem Parallelismus« an der »Biographie« des Täufers entlang – Jesus ist von Anfang an »mehr«. Für die Geschichte vom zwölfjährigen Jesus verzichtet er allerdings auf eine Parallele zu Johannes – Johannes wird seine Berufung erst als Mann erfahren, Jesus bereits an der Schwelle zur Jugendzeit.

Maria und Joseph, die »Eltern« Jesu, wie Lukas ohne Zögern erzählt, nehmen ihren Sohn mit zum Passafest nach Jerusalem. Passa, Wochenfest und Laubhütten gelten als die drei großen Feste des Judentums. Für Männer, dann auch für Frauen und Kinder, war es Pflicht, zumindest das Passa als Hauptfest in Jerusalem zu feiern. Mit 13 Jahren feiert der jüdische Junge seine Bar Mitzwa, er wird als »Sohn des Gesetzes« selbst verantwortlich für die Einhaltung der Gebote. Die Reise nach Jerusalem könnte der Vorbereitung für diesen Ritus gedient haben, wobei aber nicht deutlich ist, ob es sich hier um die erste Wallfahrt Jesu nach Jerusalem handelt oder er schon mehrmals dort war.

Das Fest dauert sieben Tage, zwei Tage Anwesenheit sind als Minimum vorgeschrieben. Die Eltern bleiben bis zuletzt, fügen sich also ganz in die Festvorschrift ein. Und Jesus bleibt noch länger. Dass sein Verschwinden erst spät bemerkt wird, versucht man durch die damalige Reisegewohnheit zu erklären: Die Dorfbewohner schließen sich zu Pilgerkarawanen zusammen, jeder achtet auf jeden. Die Eltern kehren nach Jerusalem zurück. Erst nach drei Tagen – drei Tage, seitdem das Kind vermisst war, oder am dritten Tag der Suche in Jerusalem – finden sie Jesus im Tempel.

Rabbinischer Lehrbetrieb in Frage und Antwort ist denkbar in den Vorhallen des Tempels (in der Halle Salomos?) – Frauen wie Maria müssen Zutritt haben – oder in der Tempelsynagoge, wenn sie denn existierte. Synagogaler Praxis entsprechend sitzen die Zuhörer auf dem Boden zu Füßen des Meisters. Andere Ausleger sehen Jesus, wohl eher ihrem Auslegungsinteresse entsprechend, auf einem Stuhl im Kreise der Lehrer, so »gleichrangig« mit ihnen diskutierend. Publikum ist da und staunt »außer sich« über den Jungen, der, ohne rabbinische Ausbildung und »vom Land«, so klug zu fragen und zu antworten weiß. Nichts deutet darauf hin, dass der Inhalt der Tora bei Jesus kritisch in Rede steht. Jesus ist in der Tradition seiner Religion heimisch und zeigt eine ihm geschenkte ungewöhnliche Weisheit (vgl. Lukas 2,40).

Die Eltern tauchen unvermittelt auf, sind bestürzt, und Maria stellt die vorwurfsvolle Frage, die jede Mutter in dieser Situation stellen würde: warum er ihr und seinem Vater dies angetan habe. »Mit Schmerzen« haben sie Jesus gesucht – die Weissagung des alten Simeon beginnt sich zu erfüllen (»auch durch deine Seele wird ein Schwert dringen«, Lukas 2,35) – zum ersten Mal »ist Maria die mater dolorosa, denn ihr Kind hat sich von seinen Eltern gelöst und ist ihnen fremd geworden«. (W. Grundmann, ThHNT zur Stelle).

Dass Lukas nur Maria sprechen lässt, gibt ihm erzählerisch die Gelegenheit zur eigentlichen Pointe der Anekdote mit der Gegenfrage Jesu: »Wisst ihr nicht, dass ich sein muss in dem, was meines Vaters ist?« (Lukas 2,49). Ein alter Streit geht um die Alternative, ob »in dem meines Vaters« räumlich im Sinn von »Haus (Tempel)« zu verstehen ist oder übertragen: »sich beschäftigen mit der Sache meines Vaters«. Jesus ist seinem Vater im Himmel gehorsam (»muss«), er hält das erste Gebot, ohne, wie am Schluss der Erzählung ausdrücklich betont (Lukas 2,51), den irdischen Gehorsam nach dem fünften Gebot aufzukündigen.

Die Reaktion auf die Selbstoffenbarung, Sohn des Abba im Himmel zu sein, ist eine doppelte: Die Eltern verstehen »das Wort« nicht (Lukas 2,50), es bleibt ein Geheimnis. Maria aber behält, wie vor 12 Jahren nach der Geburt, »alle diese Worte in ihrem Herzen« (Lukas 2,51) – das Geheimnis muss »aufgehoben« werden, damit es eines Tages geglaubt werden kann. Bis dahin reift Jesus in Nazareth weiter heran, um dann, erst als 30-Jähriger (Lukas 3,23), seinen eigenen Weg zu beginnen.

Eine schöne Geschichte und – je mehr man sie auf sich wirken lässt – eine glänzend erzählte dazu: Lebenserfahrungen werden aufgerührt. Ich nenne die Stichworte und entsprechende Assoziationen: Der Zwölfjährige – Luther: »... gewöhnlich zeigt sich um diese Zeit an der Jugend, was aus ihr werden und wie sie geraten wird«. Das Wunderkind – A. Grözinger (GPM 11/1996) verweist auf die Ambivalenzen: »Das Wunderkind in uns – geliebt und gehasst«. Die Glaubenserziehung durch das Elternhaus – die katholische Kirche verliest unsere Erzählung am »Fest der Heiligen Familie«. Ein Kind geht verloren – sehr viele haben dies einmal selbst erlebt. Sein Kind verlieren – der Ablöseprozess von den Erziehungsmächten, die Konflikte um den Gehorsam. Weitere Beobachtungen: Jesus lernt, wie man jüdisch lernt, also in Rede und Gegenrede, »dialogisch«. (F.-W. Marquardt, Seite 164) Und: Jesus musste man oft suchen – seine Abwesenheiten können als »christologische Figur« gedeutet werden (ebenda, Seite 396 f.).

Die Predigtkunst wäre, diesen Assoziationsreichtum zu nutzen und doch, wie Lukas, bei der theologischen Erzählung zu bleiben, sie nicht zu einer biographischen Vorbilderzählung werden zu lassen. Ihre Pointe ist das »Sprachspiel vom Vater« (A. Grözinger), das erste Aufblitzen der christologischen Urbehauptung: in Jesus erschien der Sohn des himmlischen Vaters.

Diese Pointe wird unter den Zuhörerinnen und Zuhörern der Predigt kaum strittig sein, sie ist längst eine überraschungsfreie Denkfigur geworden. Eingezeichnet in die elterliche Verlustgeschichte bekommt die Pointe allerdings mehr emotionale Farbe. In meiner Predigt versuche ich die fehlende Verlustangst bei Jesus als eine auch für uns nachvollziehbare Glaubensgewissheit zu deuten: Jesus ist das Ende aller Lebensverlorenheit. Man kann den Eltern, allgemeiner, man kann den eigenen Lebensgewissheiten verloren gehen, ohne verloren zu sein.

Literatur

F.-W. Marquardt, Das christliche Bekenntnis zu Jesus, dem Juden. Eine Christologie, Band 2, München, 1991

Predigtidee

Eine Wiederholung der theologischen Erzählung des Lukas mit Erläuterungen und Assoziationen: Jesus geht verloren und findet sich.

Predigtthema

Gottes neue Heimat – der zwölfjährige Jesus.

Vorschläge zur Liturgie

Votum

Lasst uns aufsehen zu Jesus, dem Anfänger und Vollender des Glaubens. (Hebräer 12,2)

Kollektengebet

Herr, unser Gott, wir reden dich an mit dem Namen, mit dem Jesus dich genannt hat. Er durfte dich Vater nennen: er war dein Sohn, das Bild deiner Menschenliebe. Lass an uns sichtbar werden, dass wir alle einen Vater haben. Dann ist dein Name in unserem Mund kein toter Buchstabe, sondern ein wahrhaftiges Wort, das wir mit Ehrfurcht aussprechen durch Jesus, deinen Sohn.

F. Cromphout u. a., Eine Zeit des Redens, Gebete und liturgische Texte, Bergen-Enkheim b. Frankfurt, 1971, Seite 84

Schlussgebet

Der du »Licht« gerufen hast,
und das Licht war geboren;
der sah, dass es gut war,
das Land des Morgens,
alle Gewölbe aus Feuer und Meer.
Der du »Mensch« gerufen hast,
und der Mensch war geboren.
Der du mich gesehen hast,

trostlos einsam,
der du mein Leben
so bis hierher geführt hast,
dass ich noch lebe.

Vollende und segne mich,
lass mich mehr und mehr Mensch werden
und ihm gleichen,
der dein Bild ist, dein Sohn,
Jesus von Nazaret,
der neue Mensch;
der mir vorgelebt hat,
was Liebe tut,
was Leben ist;

der ein Mensch für andere
geworden ist
und der sich mit ganzem Herzen
ausgegeben hat
an diese Welt.

O der du größer bist
als jeder Tod,
der du den Menschensohn
hast auferweckt:
Willst du mich je
verloren gehen lassen?

Lass nicht verloren gehen
den Menschen, der dich liebt.
Halt mich im Leben,
lass den Tod, der alles trennt
und leer und dunkel macht,
nicht kommen über mich.
Denn du bist Liebe,
tiefer als das Meer,
zuckend wie Feuer, stärker als der Tod.

Lieder

Eingangslied: All Morgen ist ganz frisch und neu EG 440; vor der Predigt: O Christe, wahres Licht EG 72; nach der Predigt: Herr Christ, der einig Gott's Sohn EG 67 oder Christus, das Licht der Welt EG 410. Schlusslied: Dir, dir o Höchster, will ich singen EG 328,2

Vorschlag zur Predigt

Möglicher Anfang

»Und – wie geht's den Kindern?« Man fragt ja so, in lockerem Interesse, Besonderes erwarten wir nicht. Die befragten Eltern wissen das und antworten, ebenso leicht: »Sie blühen, wachsen und gedeihen!«
So sollte es sein. Einen »frommen Familienbericht« nennt man das. Das heißt – fromm ist er ja noch nicht. Dazu müsste man jetzt Lukas zitieren können, der über den jungen Jesus zu sagen weiß: »Und Jesus nahm zu an Weisheit, Alter und Gnade bei Gott und den Menschen«.
Natürlich erzählen Eltern gern noch etwas mehr von ihren Kindern, »Erst-Geschichten« am liebsten, vom ersten Drehen vom Rücken auf den Bauch, vom ersten Zahn, von den ersten Schritten allein, vom ersten Wort. Und wenn es sich um außerordentliche Menschen handelt, dann wissen die Biographen und Schwärmer später geradezu Erstaunliches aus den Entwicklungsjahren zu berichten: Mozart hat schon als Dreijähriger blendend Klavier gespielt. Oder, um in urbiblische Zeiten zurückzugehen: Mose setzte sich als Dreijähriger am Hof des Pharaos dessen Krone auf, David dichtete, als er noch gestillt wurde, seinen ersten Psalm.
War Jesus nicht auch ein Wunderkind? Wir sehen einen zwölfjährigen Jungen, der im Tempel in staunenswerter Klugheit mit den Schriftgelehrten diskutiert. Diese Szene ist in den Schulbibeln früherer Generationen immer wieder illustriert worden: »Und alle, die ihm zuhörten, verwunderten sich über seinen Verstand und seine Antworten«.
Jesus – ein ungewöhnlich aufgeweckter Junge. Das lassen wir schon gelten. Ein Wunder wäre das für uns nicht. Das Wunder ist ein anderes ...

Zum weiteren Verlauf

– Sein Kind verlieren

Für die Eltern Jesu ist es selbstverständlich, ihren Glauben an die nächste Generation weiterzugeben. So nehmen sie ihren Sohn mit auf die Pas-

sawallfahrt nach Jerusalem, bleiben dort acht Tage, über die ganze Länge des Festes, und reisen dann zurück, wahrscheinlich mit der Pilger-Karawane ihres Dorfes. Bei der Abendrast, am Ende des ersten Wandertages, entdecken sie, dass ihr Sohn nicht da ist. Sie suchen ihn bei allen Verwandten und Bekannten – vergebens.
Sein Kind verlieren ... eine Angst, die Eltern überfallen kann, in wechselnden Gestalten: sein Kind verlieren in einer Menschenmenge, auf den Irrwegen der Identitätssuche, im heftigen, grundsätzlichen Streit ...

– Wo soll man Jesus suchen?
Durchstreift da ein Zwölfjähriger aufgeregt und zeitverloren die Hauptstadt, vorbei an den Verkaufsmärkten für die Opfertiere, der Geschäftsstraße vor der Tempelmauer, der Pferderennbahn? Jesus ist nicht zu finden. Auch später wird er sich immer wieder entziehen, in die Einsamkeit der Wüste, in eine andere Stadt, abseits der eigentlichen Reiseroute. Selbst von den engsten Gefährten wird er sich für einige Zeit trennen, um allein zu sein. Als eine wundergläubige Menge ihn festhalten will, wird er sich losreißen ...
Die Suche nach ihm dauert lang, drei Tage lang. Wo soll man Jesus suchen? Schließlich stoßen die Eltern im Tempel auf ihn, im Dialog mit den Schriftgelehrten, staunend umgeben von Neugierigen. Was ist das Wichtigste jetzt, was kommt zuerst – die Erleichterung, ihn unversehrt gefunden zu haben, die Freude, den Sohn zu erleben als einen, der nach Gott fragt, nach der Wahrheit sucht?
Zuerst die Angst, die Angst der Eltern, ihre Sorge um das Wohlergehen ihres Kindes: es hat den Schutzraum, in dem es ihrer Meinung nach nur leben kann, verlassen: »Siehe, dein Vater und ich haben dich mit Schmerzen gesucht!«
– Was man findet, wenn man Jesus gefunden hat
»Wisst ihr nicht, dass ich sein muss in dem, was meines Vaters ist?« Für einen kurzen Moment reißt der Himmel auf. Hinter dem Zwölfjährigen wird der Mensch Gottes sichtbar in seinem Geheimnis: Auch fernab von den Eltern, fernab der Geborgenheit, die Menschen einander geben können, auch dort war er nie verloren. Er kann gar nicht verloren gehen, weil er längst gefunden wurde, weil er längst »zuhause« ist.

Möglicher Schluss

Dass »zuhause sein« mehr ist als »in der Familie sein«, auch etwas anderes ist als »bei sich selbst sein«, das ist nicht einfach wahrzunehmen. Und so, als wolle er uns mit diesem hier aufblitzenden Geheimnis nicht zu viel zumuten, notiert Lukas gleich darauf, dass Jesus in den Schutzraum seiner Familie in Nazareth zurückkehrt. Gott ist so weit, so unbegreiflich. Wer wagt schon, verloren zu gehen und dennoch – unsichtbar gehalten – zu leben?

Später, als erwachsener Mann, zieht Jesus umher, um Verlorenen Heimat zu geben. Sein letzter Weg führt ihn wieder nach Jerusalem. Er wird die letzte Probe auf das Zuhause sein. Fast wäre er daran zerbrochen: »Mein Gott, mein Gott, warum hast du mich verlassen?« Doch ist er in dem, was seines Vaters ist, geblieben.

Gestaltungsidee

Alternativ: ein Gottesdienst mit Kinderpredigt (siehe Kontexte) – mit besonderer Einladung aller Zwölfjährigen. Bitte an alle, Erwachsene wie Jugendliche und Kinder, eine alte oder neue Bilderbibel mitzubringen.

Symbole, Aktionen

Die Gottesdienstteilnehmer suchen in den mitgebrachten Bibeln nach Bildern vom jungen Jesus. Einige werden vorgestellt.

Kontexte

Als Material für die Kinderpredigt hier der Schluss einer Kindervorlesung von Willibald Bösen: Wie aus dem hilflosen Jesuskind ein kluger Junge wird.

Im großen Tempelbezirk gab es Lehrer, die die Jugendlichen während der Wallfahrtsfeste in der Heiligen Schrift Israels unterrichteten …

Besonders wichtig wurden diese Schriftgelehrten für Jungen, die 12 Jahre alt geworden waren. Sie mussten sich darauf vorbereiten, nach dem 13. Geburtstag eine Prüfung abzulegen. Diese Prüfung bestand darin, öffentlich in der Synagoge, dem Gebetshaus der Juden, während des Gottesdienstes

aufgerufen zu werden. Der 13-jährige Junge hatte dann einen kleinen Abschnitt aus der hl. Schrift vorzulesen. Diese Prüfung heißt »Bar Mitzwah«, d. h. auf deutsch »Sohn des Gebots«: Der Junge wird durch die Kenntnisse der Gebote Gottes zum »Gebotspflichtigen«. Denn ab dem 13. Lebensjahr soll der jüdische Junge die heilige Schrift lesen und ihre Gebote einhalten können …
Jesus nimmt wie andere Jungen seines Alters die Gelegenheit wahr, im Tempelbezirk den Schriftgelehrten Fragen zur Schriftauslegung zu stellen und sich fragen zu lassen. Er fällt auf, weil seine Fragen klug sind. Außerdem weiß er auf Gegenfragen richtige Antworten zu geben. Jesus ist klüger als die anderen Jungen seines Alters. Später, nachdem Jesus erwachsen ist, wird er öffentlich als Lehrer auftreten. Dann wird er den Lehrern noch klügere Fragen stellen und ihnen noch klügere Antworten geben. Jesus sonnt sich aber weder hier noch später in der Anerkennung, die ihm zuteil wird. Als ihn die Eltern finden, verschwinden die Lehrer ganz aus seinem Gesichtskreis. So hatte er auch vorher die Eltern ganz vergessen. Er weiß jetzt eins ganz genau: Gott, der als Vater die Juden aus Ägypten befreit hat, hat sich in ganz besonderer Weise als sein Vater gezeigt. Sich bei ihm während und nach dem Erinnerungsfest an die Befreiung aufzuhalten, wird für Jesus zur Selbstverständlichkeit. Im Auslegen der Schrift mit anderen Lehrern erfährt er Gott ganz unmittelbar. Aber noch ist Jesus nicht erwachsen. Er braucht weiterhin Eltern und Lehrer. Er hat vor den Lehrern und den Eltern zeigen können, dass er schon mit 12 Jahren ein »Sohn der Gebote« ist, d. h., dass er die Weisungen Gottes kennt und zu halten weiß. Und er hat eine ganz überraschende Erfahrung gemacht. Er fühlt sich wohl beim Auslegen der Schrift. Gott ist ihm näher als seine Eltern und seine Lehrer geworden. Diese Erfahrung leuchtet ihm auf, als seine Mutter ihn fragt: »Kind, wie konntest du uns das antun? Dein Vater und ich haben dich voll Angst gesucht.« So kann er antworten: »Warum habt ihr mich gesucht? Wusstet ihr nicht, dass ich in dem sein muss, was meinem Vater gehört?« Diese Erfahrung der Nähe Gottes als Vater hält aber nicht unbegrenzt an. Jesus verlässt mit seinen Eltern Tempel und Lehrer. Er kehrt mit ihnen nach Nazaret zurück. Bis Gott sich ihm erneut als Vater offenbaren wird, muss er noch 18 Jahre weiter lernen.

D. Dormeyer und W. Bösen, Kindervorlesung: Wie wuchs Jesus von Nazareth als jüdisches Kind auf? aus: D. Dormeyer/H. Ulonska, Christologie in der Lebenspraxis, Elementare christologische Grundfragen und ihr Transfer in die Bibelarbeit, Seite 123 ff., Reihe »Religion und Biographie«, hrsg. von D. Dormeyer und F. Munzel, Band 3, LIT Verlag u. a., Münster 2000

Tipp zum Text

Auf einem Nazareth überschauenden Berg steht heute die Basilika zum jungen Jesus (Basilique de Jésus Adolescent). Der Chorraum wird beherrscht von einer hellen marmornen Statue des jugendlichen Jesus – mit einem Idealgesicht in ebenmäßigen Zügen und lockiger Haarpracht, sehr schön, zu schön …

Epiphanias
Das Evangelium nach Matthäus 2,1-12

Arno Schmitt

Exegetisch-homiletische Skizze

Erstbegegnung
Was war es, Magier, was euch aufbrechen ließ? Die Supernova? Der Halley'sche Komet? Die Jupiter-Saturn-Konstellation: »König-Stern« – »Juden-Stern«, Jahrhunderte lang überhaupt nicht, 7/6 v. Chr. gleich drei Mal zu sehen? Über den Außeneinstieg, so spüre ich, werde ich in die Geschichte nicht hineinkommen. Ihr Thema ist der Wunderstern. Und der ist »da« eines Tages, signalisiert, stellt Beziehungen her. Was tun? Mitgehen. Mitsuchen. Hilde Domin fällt mir ein: »Nicht müde werden und dem Wunder, leise wie einem Vogel, die Hand hinhalten ...«

Die Perikope im Zusammenhang
a) Matthäus ist eine Kombination von Markus, der Logienquelle (Q) und Sondergut. Der Markus-Faden ist deutlich erkennbar (in 1–11 weithin, in 12–28 so gut wie vollständig). Aufgrund des zusätzlichen Materials ist Matthäus erheblich umfangreicher als Markus. Neben den »Fünf Reden« (5–7.10.13.18.23–25) sind die Stofferweiterungen in den Vorgeschichten (1–2) und in der Osterüberlieferung (28) am augenfälligsten. b) Die Gliederung des Evangeliums bereitet Schwierigkeiten. Einig ist sich die Auslegung darin, dass es sich um eine fortlaufende, kunstvoll miteinander vernetzte Erzählung handelt (vgl. Hans Conzelmann/Andreas Lindemann »Arbeitsbuch zum Neuen Testament«, Mohr-Siebeck-Verlag Tübingen 2000, Seite 326 f., Ulrich Luz »Das Evangelium nach Matthäus«, Benziger-Verlag, Zürich/Düsseldorf 1997, Seite 24 ff. u. a.) Vieles spricht dafür, in 1,1–4,22 das »Präludium« (Ulrich Luz) zu sehen, in dem es dem Evangelisten über die Darstellung der Abstammung, Jesu Geburt und Kindheit, seiner Taufe und Versuchung hinaus vor allem darum geht, die Ge-

schichte des »Gottessohnes« zu präfigurieren. Cantus Firmus: Der Messias hat es schwer in Israel. Von Anfang an. Nicht den politischen und religiösen Autoritäten des Volkes (Herodes, Hohenpriester und Schriftgelehrte), Fremden gehen die Augen auf (Magiern aus dem Osten). Fremde auch sind es, die dem tödlich bedrohten Kind (und dessen Familie) Zuflucht gewähren (Ägypten). Und als die Migranten in ihre Heimat zurückkehren wollen, warnt sie der Engel: Sucht eure Heimat nicht in Judäa, sucht sie droben, in Galiläa (d. h.: im heidnischen »Grenzland«). Und alles das, »damit sich erfülle, was von Gott durch die Propheten geweissagt wurde.« c) Eingeleitet durch 1,2–17 bildet 2,1–12 zusammen mit 1,18–25 und 2,13–23 eine kompositorische Einheit. Der geheimnisvoll geborene »Gottessohn«, so der Evangelist, ist Teil der Verheißungs- und Gefährdungsgeschichte Gottes mit seinem Volk. Die Erzählungen (1,18–2,23) werden schon vor Matthäus miteinander verbunden gewesen und mündlich überliefert worden sein. »Sie gehören zum Typus der Erzählung von der Ankündigung, Verfolgung und Rettung des Königskindes, der in der Antike weit verbreitet war« (Ulrich Luz, Seite 87. Dort eine grandiose Synopse). Auffällig: die Nähe der Perikope zur Haggada vom Mosekind.

Die Perikope im Einzelnen

a) 2,1–12 gliedert sich in zwei Teile: Begegnung mit Herodes als dem »falschen« (2,3–9 a), Begegnung mit dem Kind als dem »echten Judenkönig« (2,9 b–12). Über beide Teile erstreckt sich eine Spannung, erzeugt durch das Ineinander zweier gegenläufiger Strategien: der des Herodes und der der sich erfüllenden Verheißung. In den Versen 2 und 8 treffen sie direkt aufeinander: Die Magier und Herodes erkundigen sich nach dem »neu geborenen König« und beide haben den Wunsch, ihm zu huldigen. Und doch könnte der Gegensatz nicht größer sein: Herodes erkundigt sich, doch er tut's wie ein Gauner. Mag es sich mit dem Kindermord, zu dem er entschlossen ist, historisch so oder anders zugetragen haben: zugetraut hat man ihm die Tat. Es spricht sich hier »die historische Erfahrung des jüdischen Volkes mit einem seiner grausamsten und verschwenderischsten Fürsten aus, der ganze Gruppen der Bevölkerung ermorden ließ« (Luise Schottroff in: »Gottesdienstpraxis, Serie A«, Gütersloher Verlagshaus 1984, Seite 34 ff.), um seine Herrschaft zu sichern. b) Die Erzählung ist eine nüchtern gefasste Legende. Nach einer knappen (historisch problematischen) Notiz zu Zeit und Ort setzt die Handlung ein: Magier treten auf. Nicht die Reise, nur ihre Ankunft interessiert: Jerusalem, Konfrontation mit Herodes. Woher kommen sie? »Von Osten«. Die Leser verstehen: Magier sind Nicht-Juden (aus Mesopotamien). Das Judentum, seinem Wesen nach skeptisch gegenüber Zauberei und Obskurantismus, kann sich im Hellenismus dem Einfluss der Astrologie und der Hochschätzung der Magier nicht (mehr) völlig entziehen (vor allem im Osten). Matthäus spricht von den Magiern ausgesprochen positiv: Sie verstehen ihre Kunst. Leben ist Hinhören, Hinsehen, Achtsamkeit. Sich um die größeren Zusammenhänge, die Hintergründe, die Schichten unterhalb der Oberfläche zu kümmern: es lohnt sich. Und: Leben ist Weg, Wanderung. Wenn du verstehen willst, musst du aufbrechen, aus den Laboratorien ins Leben auswandern, dich stellen, zu zweifeln beginnen, an Grenzen stoßen und doch – es noch einmal probieren. »Sein Volk« (2,6) hatte sich Gott so unterwegs gewünscht. Doch »Herodes und ganz Jerusalem« (2,3) verweigern sich. Der Stern macht ihnen Angst. »Der neu geborene König«: es gibt ihn nicht ... darf ihn nicht geben ... nichts mehr wäre, wie es einmal war. Die »Hohenpriester und Schriftgelehrten«? Ihr Dilemma ist es, dass sie alles wissen (2,6) und es an den entsprechenden Konsequenzen fehlen lassen (und so zu Komplizen des Todes werden). Vers 11 bildet den Höhepunkt der Legende: Die Magier werfen sich zu Boden. Dort, im Vis-à-Vis mit dem Kind, sind sie am Ziel. »Vor dir in Demut, in dir in Stille, mit dir in Treue ...« (Dag Hammarskjöld/Tagebucheintrag). Himmel und Erde auf Augenhöhe. Gold, Weihrauch und Myrrhe, Kostbareres gibt es nicht, erinnern an die eschatologische Wallfahrt der Völker zum Zion (Jesaia 60,6, 72,10 ff.). Vers 12 beschließt die Perikope: Die Spannung löst sich. Nein, die Wege der Magier und des Herodes: sie werden sich nicht kreuzen. Vom »Kind-König« gehen andere Spuren aus. In ihnen »wird Macht zu einer neuen Qualität« (Luise Schottroff). Ihre Repräsentanten sind »die Sanftmütigen« (5,5), und die »Letzten empfangen nicht weniger Lohn als die Ersten« (20,16). c) Die Perikope hat die christliche Frömmigkeit nachhaltig geprägt. Justin (2. Jahrhundert) weiß: Die Magier stammen aus Arabien. Nein, so die altkirchliche Kunst: Aus Persien (vielleicht aus Äthiopien). Für Origenes (3. Jahrhundert) sind es drei, in Syrien lange noch zwölf Magier. Mit der Verlegung der Christgeburt (4. Jahrhundert) vom alten Fest der Epiphanie (6. Januar) auf Weihnachten (25. Dezember) wurde der »Tag der Erscheinung« zunehmend zum

»Dreikönigsfest«. Am 23. Juli 1164 werden ihre Reliquien von Mailand nach Köln überführt. Legenden und Mysterienspiele kennen schon bald ihre Namen: Kaspar (der bartlose Jüngling), Melchior (der bärtige Alte), Balthasar (der Dunkelhäutige/Schwarze). Als Heilige wird ihnen eine Fülle von Schutzfunktionen zugeschrieben. Sola scriptura: Reformation (und Bibelforschung) hatten (und haben) nur mäßigen Erfolg. Die Geschichte, so scheint es, lebt aus dem ihr eigenen Zauber. Erzählt ist sie noch lange nicht. Sie wartet darauf, es wieder – und erst zu werden.

Homiletische Entscheidung
Ich möchte mich darauf einlassen. In dreifacher Weise: a) Ich will die Geschichte in ihrem besonderen, matthäisch überlieferten Profil erzählen: frei von Engel und Hirten, Ochs und Esel und den Accessoires der Jahrhunderte. b) Gerne möchte ich der Tatsache Rechnung tragen, dass sich der 6. Januar im öffentlichen Bewusstsein als Tag der »Heiligen Drei Könige« versteht. In überwiegend katholischen Gegenden haben die »Sternsinger« Tradition. Am Dreikönigstag enden ihre Wege. Im Gottesdienst bringen sie ihre Gaben zum Altar, mit denen z. B. in Äthiopien ein Brunnen oder in Afghanistan eine Krankenstation gebaut werden soll. Missionarische Akzente bestimmen oft auch den evangelischen Gottesdienst (Abschluss der »Brot-Für-Die-Welt«-Aktion). c) Epiphanias bildet den Abschluss einer Festtagsperiode, in der in den Gemeinden acht/neunmal Gottesdienst gefeiert wurde. 2003 fällt der Tag auf einen Montag. So entschließe ich mich, den Gottesdienst am Abend zu feiern.

Predigtidee

Gottes Sohn? Halb Mensch, halb Gott? Dieser Spuk im Hirn der Ahnungslosen. Ganz Mensch, einziger wirklicher: darum. Lauter Liebe, Anwesenheit Gottes: so. (Detlev Block)

Predigtthema

Alternative 1: Binde deinen Karren an die Sterne (Leonardo da Vinci)
Alternative 2: Nur wer ausfährt, kommt an (Seefahrerspruch)

Vorschläge zur Liturgie

Prolog

Sie schauen nach oben und warten auf den, der da kommt. Doch von oben kommt er nicht. Sie schauen vergebens. Indessen – hinter ihrem Rücken, der da kommen soll, kommt.

Friedrich Schwanecke

Kyrie

Gott, himmlisches Licht, heller als Sonne und Mond. Leuchte uns. Dass wir dich finden in der Dunkelheit unseres Herzens, den Widersprüchen unseres Lebens, der Wurzellosigkeit unserer Zeit. Gott, Mensch gewordenes Licht. Tritt hervor, Verlass es, ein Stück weit, das Geheimnis deines Wesens und gib dich zu erkennen. Dass wir dich sehen, die Klarheit und Freundlichkeit, die Liebe und Kraft, den Mut und Schalom deiner Gottheit endlich »schmecken und sehen« und so in Klarheit und Freundlichkeit, Liebe und Kraft, Mut und Schalom endlich selbst erkennbar werden. Erbarme dich!

Schlussgebet

Gib, dass wir das können, Gott: deinen Namen aussprechen, ihm Stimme geben im Getöse der Welt. Gib, dass wir das können: ihn ausrufen über denen, die leiden. Aufhören endlich, im Leiden der Welt nur Zuschauer zu sein. Beginnen stattdessen, erreichbar zu werden, wo Menschen nicht weiter wissen. Erreichbar wie du. Anfangen endlich, den Kummer und den Schmerz, die Angst und die Tränen zu teilen – erkennbar werden so: erkennbar als Menschen, im Licht deiner Liebe, in der Kraft deiner Hoffnung. Gib, dass wir das werden.

Sendung

»Gott ist da, fürchtet euch nicht!«/Sagt es leise weiter/Allen, die sich fürchten/Sucht ihn, macht euch auf/Sucht ihn nicht in den Sternen/ Auch in den Palästen und Schaufenstern nicht/Sucht ihn auf Augenhöhe/Im Naheliegenden, Nächsten/Wo ihr traurig seid/Angst habt/Unkenntlich geworden seid für euch selbst und untereinander/Sucht ihn/Ihr werdet ihn finden!

Lieder, Psalm, Lesung

»Wie schön leuchtet der Morgenstern« EG 70 (1,2,4)/»Du meine Seele, singe« EG 302 (1)/»Jesus ist kommen« EG 66 (1–3)/»Der Wege so viel« (tvd-Verlag, Düsseldorf)/»Gib der Hoffnung ein Gesicht« (tvd-Verlag, a.a.O.)/»Gib mir deine Hand« (tvd-Verlag, a.a.O.) Psalm 72/EG 738, Jesaia 60,1–5

Vorschlag zur Predigt

Möglicher Anfang mit der Geschichte von Kurt Marti: Der Name

Es wird überliefert, Rabbi Chama, ein frommer Mann von großer Gelehrsamkeit, habe in der ersten Hälfte seines Lebens ungewöhnlich viele und kluge Schriften und Kommentare verfaßt. Danach aber, etwa vom 36. Lebensjahr an, sei er vor allem damit beschäftigt gewesen, aus seinem Schriftwerk nach und nach alles zu tilgen, was vor seinem durch die Zeitdistanz geschärften Urteil nicht bestehen konnte, weil es entweder unzulänglich ausgedrückt oder zu wenig gesichert war. Dieser Revision oblag Rabbi Chama mit soviel schonungsloser Redlichkeit, daß gegen Ende seines Lebens alles, was er einst mit Fleiß und Feuer niedergeschrieben hatte, wieder durchgestrichen war. Seine Schüler wehklagten und weinten, als er seine sämtlichen Schriften, Bündel um Bündel, im Ofen seines kleinen Hauses verbrannte. Der Rabbi aber, er wurde bei diesem Autodafé so heiter und fröhlich wie seit langem nicht mehr. Trotz seiner Altersschwäche tanzte er sogar ein bißchen, tanzte mit kleinen leichten Schritten, als das letzte Bündel im Ofen verbrannte und darob der Sabbat anbrach.
Wenig später starb Rabbi Chama. Seinen Schülern hinterließ er nichts als einen großen Zettel. Darauf hatte er mehr hingemalt als hingeschrieben: Der Name, geheiligt sei er! Alsbald erkannten die Schüler den Sinn dieses Vermächtnisses: Im EINEN und heilig-unaussprechlichen Namen Gottes blieb alles bewahrt und gegenwärtig, was ihr Lehrer gelebt, geglaubt, gedacht hatte.

Zum weiteren Verlauf

Seltsamer Heiliger. Denkt sich, arbeitet sich durchs Leben – und am Ende? Gerade mal 'ne Zeile! So aber sind sie, die Heiligen: Gott auf der einen, die Welt auf der anderen Seite, sie selbst (ein bisschen »fremd«, ein bisschen verloren) irgendwo dazwischen.

Von Fremden erzählt auch unsere Geschichte: Matthäus 2,1–12 (Lesung)

Was war es, das sie aufbrechen ließ, die paar Männer dort unterm Stern? Einem Ziel entgegen, von dem sie wenig wussten – und alles erhofften.

Erstaunlich das Vertrauen, das die Männer in ihr Vorhaben setzen. Über den Weg, den sie gehen, haben sie keine Aufzeichnungen. Sie lassen ihn sich weisen – und machen sich auf. Neuland. »Du siehst Dinge und fragst: warum? Ich aber träume von Dingen, die es nie gegeben hat, und frage: warum nicht?« (Georg Bernard Shaw)

Nicht so also ist es, wie wir es lange (allzu lange) für selbstverständlich hielten: dass Christus zu »den Fremden« gebracht wurde. Umgekehrt: Auf die Reise haben sich »die Fremden« gemacht, gewiesen durch Himmelserscheinungen. (Wie? Durch Himmelserscheinungen? Darf das denn?) Ja, es darf. Gott spricht in vielen Stimmen (nicht nur in der der »Priester und Schriftgelehrten«).

Über das Reisegepäck der Männer lassen sich nur Vermutungen anstellen. Ihr Beruf: hinschauen, hinhören, die Horizonte ausleuchten. Achtsam darüber wachen, was »diese Welt im Innersten zusammenhält«, und den Menschen (und Regenten) entsprechend raten. Doch nicht was sie zusammenhält, stellt sich den Wächtern dar in diesen Tagen, sondern ganz, ganz anderes: »Noch nie waren wir so reich wie heute, noch nie aber auch so habgierig wie heute – noch nie waren wir so satt wie heute, noch nie aber auch so unersättlich wie heute – noch nie waren wir so versichert wie heute, noch nie aber auch so in Angst wie heute ...« (Wilhelm Willms) Schwer zu tragen – doch packen sie's ein und nehmen's mit.

Wie lange sie jetzt schon unterwegs waren – so ganz genau wussten sie das nicht – kümmerte sie auch gar nicht. Eines nur verwunderte sie: Als sie nach Jerusalem kamen, weit im Westen schon, war er auf einmal nicht mehr zu sehen, der Stern, der sie führte die ganze Zeit. Wie weg, verglüht. Seltsam, denn – königlicher hätte sie Herodes in seinem Palast gar nicht empfangen können! Nichts, was ihnen der König nicht geboten hätte! Nichts auch, was ihn nicht interessiert hätte: ihre Herkunft – ihre Reise – das vor allem, was sie über diesen anderen wüssten, diesen unbekannten anderen, den die Leute in ihren Geschichten »König« nen-

nen. Erst als (auf Befehl des Königs) Jerusalems Priester von Bethlehem lasen und »die Fremden« nicht länger verweilen wollten, war er auf einmal wieder da, der Stern dort droben am Himmel.
Und führte sie. Ans Ziel ihrer Reise. Nicht in die Residenz der Macht. Nicht in die Festung der Generäle. Nicht aufs Parkett des Geldes. In einen Hinterhof. Zu einem Kind. Dort spiegelt sich der Stern, wo es im durch und durch Dunklen ein klein bisschen heller wird. Als im großen New York vor ein paar Monaten die Türme zusammenstürzten, waren es die kleinen persönlichen Gesten, die die Hoffnung nicht ganz haben sterben und die Menschen ins Leben zurückfinden lassen. »Der sagt, ich bin/Sagt uns, ihr seid/Der sagt, ihr seid/Sagt uns, ich bin/Das Licht der Welt.« (Kurt Marti)
Was heißt es, dem Kind auf Augenhöhe zu begegnen? Vielleicht das: »Warum werde ich vom Lächeln eines Kindes ›entwaffnet‹? Weil ich mich nicht verteidigen muss. Vor einem Starken fürchte ich mich. Er könnte seine Stärke gegen mich einsetzen. Also muss ich stärker sein. Der Liebe nimmt das ihre Möglichkeiten. Bei einem Kind ist das anders: das lässt mich abrüsten und so mir etwas zuwachsen, woran ich schon gar nicht mehr geglaubt habe ...« (Michael Quoist) »Stellt euch vor ...« (so hören sie und bewegen sich im Rhythmus des alten John Lennon): »Imagine there's no countries/Nothing to kill or die for/No religion too/Imagine all the people/Living life in peace ...« (1971) Und sie begreifen: Himmel und Erde auf immer verbunden. Der Tag, an dem die Köpfe der Menschen endlich zur Vernunft kommen und ihre Herzen sich bekehren werden – der Tag, an dem die Arsenale sich öffnen und die Waffen zu Pflugscharen geschmiedet und Hungernde endlich zu essen haben werden, die Kinder endlich Frieden lernen und keiner den andern, weil es ihm am Nötigsten fehlt, umbringen muss – der Tag wird kommen: Fest des Lebens wird man ihn nennen. Nichts mehr muss bleiben, wie es ist. Leben ist Hoffnung über den Horizont hinaus.
In der einen oder anderen Gemeinde wird von einem Projekt gesprochen werden können, das dieses konkretisiert.

Möglicher Schluss

Sehr viel mehr als Rabbi Chama hatten auch die Männer nicht mehr, als sie sich aufmachten. Gold und Weihrauch und Myrrhe für ein Leben, das sie (so erschien es ihnen) erst jetzt so recht zu leben begannen, wo sie beim Kind waren. Auf »alten Wegen« zurück? Undenkbar. Dass das letzte Wort noch überhaupt nicht gesprochen, also alles noch frei und veränderbar, voller Verheißung und Hoffnung (und das »Licht-Kind« augenscheinliches Zeichen) ist – sie wollten es auskosten, das Wunder, es tief in sich verankern, sich ganz von ihm durchdringen lassen. Doch dann als Veränderte verändert auch leben: Salz der Erde – vielleicht ja nur ein Korn, doch das Korn, man wird es schmecken ... Licht der Welt – vielleicht ja nur ein Funke, doch der Funke, er leuchtet und wärmt ... Stadt auf dem Berge – vielleicht ja nur ein Haus, aber das Haus, es lacht aus den Fenstern und lädt ein!

Gestaltungsidee

Ich stelle mir einen (ökumenischen) Abendgottesdienst vor. »Dreikönigsvesper«. 19.00 Uhr. Ein wichtiger Bestandteil kann die Kollekte für das von der Gemeinde unterstützte Entwicklungsprojekt (BrotFürDieWelt, Misereor, Sternsinger o. ä.) sein. Der (Predigt)Text kann durch den szenisch dargestellten Weg der Magier veranschaulicht werden. Nach der Vesper wird die Gemeinde zum Buffet eingeladen, in dessen Verlauf sich »Grüße zum neuen Jahr« vorstellen lassen – verbunden mit einem Wege-Segen (abgeschlossen mit dem Kanon: »Mache dich auf und werde Licht«/EG 545 Anhang Baden). Leitgedanke: »Lass uns landeinwärts gehen, wie kleine Kräuter die Erde verankern!«.

Kontext

»Wann wird Frieden sein? Wann endlich Schluss mit der Angst? Wie viele lassen heut' ihr Leben. Mir klopft das Herz, daran zu denken: Vielleicht stirbst du, lieber Bruder, dieweil ich mich im Tanze drehe ...«

Laura, 10 Jahre, Oregon/USA, Pinwand-Grafito

Zu Epiphanias
Gerechtigkeit leben
Weisheit Salomos 1,1-3

Roselies Taube

Der Epiphaniastag korrespondiert mit dem Weihnachtsfest. Betont Weihnachten die Menschwerdung Gottes, so Epiphanias »die Erscheinung der Herrlichkeit Gottes auf Erden«. Mit diesem Tag verbinden sich verschiedene Traditionen, die alle auf ihre Weise das Offenbarwerden der Göttlichkeit zum Ausdruck bringen:

- die Taufe Jesu
- die Brotvermehrung
- das Weinwunder
- die Ankunft der Magier, die die Herrlichkeit Gottes im Kind erkennen.

Im heutigen Bewusstsein ist dieser Tag fast nur noch als »Dreikönigstag« präsent. Auch in evangelischen Gemeinden setzt sich das »Sternsingen« der Kinder durch, die verkleidet von Haus zu Haus ziehen und für ein Eine-Welt-Projekt sammeln. Gleichzeitig endet für viele Menschen am 6. Januar die Weihnachtszeit, die eigentlich erst am 2. Februar mit »Mariae Lichtmess« bzw. der »Darstellung Jesu im Tempel« schließt.

Es wirkt nun recht spannungsvoll, an einem traditionell fast schon überladenen und pointiert von der Volksfrömmigkeit geprägten Tag einen alttestamentlichen Text in den Mittelpunkt zu stellen, der gesellschaftspolitische Töne anschlägt und überdies zu den Apokryphen zählt. Er ist der »Weisheit Salomos« entnommen, dem fiktiv unter dem Namen Salomo verfassten Buch. Vermutlich entstand es in Alexandria im letzten vorchristlichen Jahrhundert. Die Autorenschaft ist in hellenistischer Philosophie und Kultur bewandert. Sie sucht sie für die jüdische Tradition fruchtbar zu machen Sie verteidigt die eigene Religion gegen diejenigen, die sich von ihr abgewandt haben. Sie tröstet die um ihres Glaubens willen Verfolgten und wirbt gleichzeitig um Verständnis für das eigene Gedankengut in der nichtjüdischen Umwelt.

Der erste Teil des Buches konfrontiert »Gerechtigkeit und Weisheit« mit »Ungerechtigkeit und Torheit« (Kapitel 1–5). »Weises Verhalten« in Regierung und Rechtsprechung vermittelt ein gelungenes soziales Miteinander. Gerechtes, d. h. auf die Gemeinschaft bezogenes Verhalten entspringt einer auf Gott bezogenen, um Wahrheit ringenden Gesinnung. Das gegenteilige Verhalten trägt den Keim der Vernichtung in sich selbst.

Der Predigtabschnitt konzentriert sich allein auf die Gerechtigkeit. Er wendet sich an die Regierenden. Hier liegt m. E. die Chance des Textes für Epiphanias. Die Volksfrömmigkeit drückt mit ihrer Verwandlung der Magier in »Könige« ja auch die Sehnsucht nach gerecht Regierenden aus. Die Könige stehen damit im Gegensatz zum König Herodes, der die nicht an Gottes Gerechtigkeit orientierten Regierenden repräsentiert. An diese Sehnsucht lässt sich anknüpfen. Dann allerdings möchte ich über den Text »hinauspredigen«. Es ist in unserer Gegenwart zu kurzschlüssig, bei der Sehnsucht und beim Appell an Regierungsverantwortliche stehen zu bleiben. Vielmehr bedürfen wir des Eintretens für Gerechtigkeit »von unten« – also von uns aus. Mit der Schärfung des Verantwortungsbewusstseins »von unten« gewinnt die nachweihnachtliche Zeit die gesellschaftspolitische Relevanz wieder, die die Erwartung des Messias immer auch in sich trug.

Zeichenhaft lässt sich das »Sternsingen« mit seinem Engagement für ein Projekt mit diesem Gottesdienst durchaus verbinden.

Predigtidee

Die Verwirklichung von Gottes Gerechtigkeit lässt sich nicht allein von den Regierenden einfordern.

Predigtthema

Gottes Gerechtigkeit – mitverwirklicht »von unten«.

Vorschläge zur Liturgie

Lied: Mein erst Gefühl sei Preis und Dank EG 451,1–5

Psalm
Psalm 85,9–14

Gebet
Du, Licht, schenke uns das Licht!
Du, Weisheit, gib uns Weisheit!
Du höchste Stärke, mach uns stark!
Mögen heute, ewiger Gott,
unsere dunklen Wolken sich auflösen,
damit wir deine Wahrheit vollkommen erkennen
und ihr in Wahrheit
mit aufrichtigem und freiem Herzen folgen!
Caterina von Siena, Meditative Gebete, Einsiedeln 1980, Johannes-Verlag Einsiedeln, Seite 90

Lied: O Christe, Morgensterne EG 158,1,2 und 4

Evangelium
Mt 2,1–12

Lied: O König aller Ehren EG 71,1–4

Predigtlied: Lass uns in deinem Namen, Herr, die nötigen Schritte tun EG 57 (Ausgabe Nordelbien)

Gebet
Gott des Friedens,
du hast durch deine Weihnachtsbotschaft
unsere Sehnsucht nach Gerechtigkeit bestärkt.
Wir bitten dich:
Verwandle unsere Sehnsucht in konkrete Schritte.
Lass uns miteianeinander lernen,
Ungerechtigkeit und Gewalt zu widerstehen.
Befreie uns von unserer Resignation und von unserer Mutlosigkeit.

Nimm uns die Illusion, alles von anderen erwarten zu können.
Lass uns aufmerksam und geduldig,
hartnäckig und konsequent
an deinem Reich des Friedens und der Gerechtigkeit mitarbeiten.

Lied: Bewahre uns Gott EG 171

Vorschlag zur Predigt

Möglicher Anfang

»Sag es leise weiter«, bittet ein Weihnachtsgebet. »Sag es leise weiter«, was die vergangenen Tage vermitteln wollten: Gott ist ein menschenfreundlicher Gott, solidarisch mit den Menschen, solidarisch mit den Wehrlosesten unter ihnen, den Kindern. Gott ist Kind geworden. Eine leise Botschaft ist dies, keine grelle, marktschreierische. Wir, denke ich, haben dafür durchaus Verständnis. Wir verbinden mit den Weihnachtstagen Stille und Besinnlichkeit. Bilder tauchen vor unserem inneren Auge auf von verschneiten Tannenwäldern, von Kirchgängerinnen und Kirchgängern in dämmriger Winterlandschaft.

Wir wissen aber nur zu genau, wie hektisch und laut sich diese Zeit in Wirklichkeit präsentiert. Wir wissen, wie viel an Energie es fordert, wenigstens einen Winkel der Ruhe und Stille abzuschirmen. Längst haben Kräfte in unser Leben eingegriffen, die uns nach ihren Interessen lenken.

In den Weihnachtstagen spüren wir es in manchen Momenten hellhöriger, wie Lärm, Lärmbelastigung uns zusetzen. Wir sind offener für die Einsicht, wie Kinder, denen unsere Aufmerksamkeit jetzt besonders gilt, davon in Mitleidenschaft gezogen sind. Auch diejenigen, die nicht unmittelbar betroffen sind, reagieren sensibel: »Ich empfinde es als Privileg, ruhig zu wohnen«, sagen manche. Die Betroffenen selbst leben mit geschlossenen Fenstern und unbenutzbaren Balkonen. Die Kinder können nicht einfach auf die oft vierspurigen Strassen geschickt werden. Wirtschafts und Verkehrsinteressen, Planungen, die eher so genannten »Sachinteressen« als menschlichen oder gar kindgemäßen Anliegen dienen, bestimmen mit ihren Entscheidungen über Leben und Lebensqualität In Zeiten, in denen wir aufmerksamer für diese Probleme sind, empfinden wir, wie ungerecht diese Situation ist. Wir wissen, wie schwer es ist, hier etwas zu ändern. Wir wissen, wie gering die Chancen für Menschen, die nicht zu den finanziell Gutsituierten gehören, sind, für sich und ihre Kinder einen Ausweg zu finden. Wir lesen vom Streit um die Messwerte für Lärm: sind sie angemessen oder zu hoch angesetzt? Wir lesen über ihre unzureichenden Kontrollen.

Zum weiteren Verlauf

Die Probleme, mit denen Menschen zu kämpfen hatten, änderten sich im Laufe der Geschichte. Aber die Sehnsucht ließ sich nicht ersticken, Regierende und ihre Verordnungen mögen gerecht sein, orientiert am Wohle der von ihnen Abhängigen. Bei aller Resignation schaffte sich der Wunsch nach Verantwortlichen, die ehrlich nach Entscheidungen suchten, immer wieder Raum. Die Menschen fanden sich nie damit ab, dass das Interesse an ihrem Leben keine Rolle spielte oder nur vorgegaukelt war. Sie begehrten dagegen auf, zum Spielball von Herrschaft und Profit zu werden. Sie bewahrten sich ein Empfinden dafür, dass gegen Menschlichkeit gerichtete Politik irgendwann selbst von den eigenen Entscheidungen und ihren Folgen eingeholt wird. Es braucht dafür keinen strafend eingreifenden Gott, obwohl sich der Ruf nach ihm oft nicht unterdrücken ließ. Menschen früherer Zeiten verbanden Fehlverhalten der Regierenden mit Fehlverhalten gegenüber Gott.

Verlesen des Predigttextes

Den Ruf nach gerechten, ehrlichen Regierungen vermittelt uns auch der heutige Tag. Die Tradition nennt ihn den »Dreikönigstag«. Die Magier aus dem Morgenland, die das Kind Jesus aufsuchten, verwandelte die Überlieferung in Könige. Sie bildeten einen Kontrast zu dem damals als ungerecht und verschlagen eingeschätzten König Herodes. Sie verkörperten Wahrheitssuche und Gerechtigkeit, beugten sie sich doch vor göttlichen Werten und umgingen weitere Begegnungen mit Herodes. Ihnen leuchtete das ein, was Maßstäbe setzen will: Gott bei den Menschen, Gott als Mensch, Gott als Kind. »Epiphanias« ist der eigentliche Name dieses Tages: »Erscheinung«. Den Magiern erschien die Herrlichkeit Gottes – eine Herrlichkeit, die landläufige Meinungen darüber auf den Kopf stellt. Sie ist nichts anderes als die Menschenfreundlichkeit Gottes und seine menschenwürdige Gerechtigkeit. Nichts anderes? Unsere Erfahrungen aus der Geschichte und aus unserer Gegenwart haben uns gelehrt, wie kostbar sie sind.

Möglicher Schluss

»Sind die Regierenden weise, ist es auch das Volk«, sagt ein Sprichwort. Menschen aus verschiedenen Zeitepochen hätten dazu wohl genickt. »Ja, wenn es so wäre«, hätten sie sehnsuchtsvoll, aber auch ein wenig resigniert gedacht. Wir Heutigen müssen nach leidvollen Erfahrungen wohl fragen, ob wir das Sprichwort nicht umdrehen müssten: »Ist das Volk weise, sind es auch die Regierenden.« Wir heutigen Menschen müssen es umdrehen? Ja, aber hat die Weihnachtsbotschaft das nicht längst getan? Gott ist Mensch, Gott ist Kind geworden. Weisheit und Gerechtigkeit von unten, Wahrheit und Verantwortung von der Basis her. So sind es in vielen Gemeinden heute auch Kinder, die die Königswürde verkleidet an sich ziehen. Spielerisch zeigen sie, was die Weihnachtszeit vermitteln will: Gerechtigkeit ist nicht einfach nur eine Sache der Regierungsverantwortlichen. Sie ist mindestens ebenso Gottes Sache – und unsere.

Gestaltungsidee

Der Gottesdienst lässt sich sinnvoll mit einer Bildbetrachtung aus dem Scivias-Codex der Hildegard von Bingen verbinden (Das Weltall, Tafel 4, Schau I, 3). Die Farbe Gold symbolisiert die göttliche Sphäre, die das Weltall umgibt. Sie kehrt in den Sternen und auf der Erde wieder: Göttliche Weisheit belebt und erhält den Kosmos. Auf einer zweiten Ebene stehen die Sterne für die Menschen: Das Gold besagt, sie sind befähigt im göttlichen Sinne gerecht und weise zu handeln. Vergessen sie dies, so beginnt eine schwarze Schicht, die zwischen dem Gold und dem Blau des Alls angesiedelt ist, zu arbeiten, Sie stört massiv das ökologische und soziale Gleichgewicht. Menschliches Fehlverhalten entfesselt zerstörerische Kräfte.
Wenn das Bild in den Gottesdienst einbezogen wird, sollte eine Lesung entfallen. Nach der Predigt empfiehlt es sich, Zeit zu lassen, um das Bild noch einmal bei leiser Musik (eventuell einer Hildegard-Komposition) betrachten zu können. (Dia und Kunstpostkarten sind erhältlich in der

Benediktinerinnen-Abtei St. Hildegard (Buchhandlung), 65385 Rüdesheim-Eibingen, Tel. 0 67 22 / 49 91 16.
Bilddeutung in: Hildegard von Bingen, Scivias. Wisse die Wege, Salzburg 1981³, Otto Müller Verlag, Seite 109–118 und in: R. Taube u. a., Friede auf Erden. Nachdenken über Hildegard von Bingen, in, dies. Frauen in Bibel und Kirche. Ökumenische Gottesdienstmodelle, Würzburg 1993, echter, Seite 84–91).
Die Bildbetrachtung kann an der Stelle einer Lesung eingesetzt werden, dann sollte am Schluss der Predigt noch einmal Bezug darauf genommen werden. Sie kann aber auch den Abschluss der Predigt bilden.
Die Bildbetrachtung empfiehlt sich für Gottesdienste, die nicht mit dem Sternsingen verbunden sind, weil er sonst zu überladen wirkt.

Symbole, Aktionen

Katholische und manche evangelische Gemeinden pflegen die Sitte des Sternensingens: als »Heilige Drei Könige« verkleidete Kinder ziehen durch die Gemeinde, singen und sammeln für eine Eine-Welt-Aktion. Der Gottesdienst kann als Ausgangspunkt für dieses Engagement dienen. In diesem Brauch verbindet sich beides: Wunsch nach Gerechtigkeit durch die Regierenden (»Könige«) und Einsatz für Gerechtigkeit »von unten« (Gemeindeaktion).

Kontexte

Wer kann dann noch das Wahre vom Falschen unterscheiden, wenn der Seele alles beschwerlich geworden ist, was Gottes ist?
Birgitta von Schweden
Ferdinand Holböck, Gottes Nordlicht. Die heilige Birgitta von Schweden und ihre Offenbarungen, Stein am Rhein 1988², Christiana-Verlag, Seite 284

Ihre Wut kann Leben retten.
Slogan von amnesty international

Was sich nicht auf die Schaffung von Gerechtigkeit in der Gesellschaft zubewegt, ist unserer Mühe nicht wert. Zusammen mit Gott sind wir daran beteiligt, Gerechtigkeit in unsere Welt zu bringen, in unser Zuhause, unsere Klassenzimmer, in unsere Gemeinden und in andere Bereiche der Gesellschaft. Wir haben Macht, einfach weil wir Menschen sind. Diese Macht befreit Gefangene, verleiht den Blinden wieder das Licht und setzt die Unterdrückten in Freiheit. Wir sind mit einem Recht, einer Fähigkeit und einer Berufung geboren, diese Macht in Anspruch zu nehmen, zu teilen, zu gebrauchen unnd zu lieben. Das in unserer Zeit und an unserem Ort zu tun heißt Gott zu lieben. Es bedeutet, an der Erfüllung der Reiches Gottes mitzuwirken.

Aus: Carter Heyward, Und sie rührte sein Kleid an. Kreuz Verlag, Stuttgart 1986, Seite 65 und 129

Wer Falschheit sät, erntet Betrug.

Afrikanisches Sprichwort

Tipps zum Text

Robert Jungk, Mehr als eine Revolution, in: ders., Menschenbeben. Der Aufstand gegen das Unerträgliche, München 1983, C. Bertelsmann-Verlag, Seite 9–15

Gudrun Pausewang, Etwas lässt sich doch bewirken, Ravensburg 1984, Otto-Maier-Verlag

1. Sonntag nach Epiphanias
Das Evangelium nach Matthäus 3,13–17

Jutta Konowalczyk-Schlüter

Exegetisch-homiletische Skizze

Der Epiphaniastag galt als klassischer Tauftag der Kirche, so dass die Geschichte von der Taufe Jesu durch Johannes (Matthäus 3,13–17 par Markus 1,9–11 und Lukas 4,21 f.) der Epiphaniaszeit zugeordnet wurde. Unbestritten ist, dass sich Jesus von Johannes im Jordan taufen ließ. Matthäus erzählt diese Geschichte ausführlich, um seiner Gemeinde Jesus Christus als Sohn Gottes zu verkündigen: Dieser ist der Träger des Geistes Gottes, er ist der König Gottes und zugleich der leidende Gottesknecht. Die Taufgeschichte setzt die Geburtsgeschichte voraus und weist auf die Leidensgeschichte hin: Jesus ist von allem Anbeginn durch den Geist Gottes bestimmt, sein Wirken ist vom Geist Gottes erfüllt, und er ist der Geistträger als der Erhöhte (vgl. J. Schniewind, Das Evangelium nach Matthäus, 11. Auflage Göttingen 1964, Seite 27). Nach der Taufhandlung wird eine besondere Erscheinung geschildert, der Himmel tut sich auf, der Geist Gottes legt sich auf Jesus, und eine Stimme tut die feierliche Zusage Gottes kund: »Dies ist mein lieber Sohn, an dem ich Wohlgefallen habe!«

Es ist ein zutiefst menschlicher Wunsch, in persönlichen Erlebnissen des Schauens, Hörens oder Sehens dem Göttlichen ganz unmittelbar zu begegnen. Dieses Erlebnis gilt dann als Beweis für das Erwähltsein des betreffenden Menschen selbst. In der Bibel ist das anders: Hier sind diese Erscheinungen Mittel, deren sich Gott bedient, wenn seine Taten in die Welt eingreifen: Allein Jesus werden Sohnschaft und Wohlgefallen zugesprochen, Gott bekennt sich zu seinem Sohn. Dies wird öffentlich proklamiert.

Besonders fasziniert bin ich von dem kurzen Gespräch zwischen Jesus und Johannes, das aus dem matthäischen Sondergut stammt.

Johannes predigte und praktizierte die Bußtaufe zur Vergebung der Sünden. Diese Taufe brauchte der Sohn Gottes nicht. Dieser erscheint hier eher als das »Lamm Gottes«, das die Sünden der anderen trägt. Jesus stellt sich auf eine Stufe mit den Menschen, die Gottes Gnade so dringend brauchen. Lässt er sich deshalb taufen?
Als Taufeinsetzung sollte man unsere Perikope nicht verstehen, christliche Taufe setzt das Kreuz und die Erhöhung Jesu Christi voraus (vgl. Römer 6,3.5). Jesus lässt sich vielmehr deshalb taufen, damit »alle Gerechtigkeit« erfüllt würde: »Die Rechtsordnung Gottes besteht darin, dass der Messias, der Gotteskönig, sich zu seinem Volk hält, dass der Knecht Gottes für die ›vielen‹ eintritt (Jesaja 53,12).« (J. Schniewind, a.a.O.)
An dem Begriff »Gerechtigkeit« unterscheiden sich bei Matthäus die Auffassungen des Johannes und Jesus: Johannes erwartet den gerechten Richter der Welt, Jesus fordert die Leute auf, vor Gott gerecht zu werden, er ist der Retter der Welt, seine Gerechtigkeit wird zum Geschenk an die Menschen.
»Lass es jetzt geschehen!« interpretiere ich so: Stell dich nicht gegen den göttlichen Willen, Gottes Gerechtigkeit ist anders als menschliches Gerechtigkeitsempfinden!
In der Epiphaniaszeit werden in unserer Gemeinde – ähnlich wie in der Adventszeit – recht viele Taufen angemeldet. Abgesehen von der älteren Generation und einigen KonfirmandInnen, die regelmäßig die Gottesdienste besuchen, können durchaus noch einige Tauffamilien hinzukommen. Meine Gemeinde liegt in einem alten Arbeiterbezirk Bremens, die Menschen gehören zwar der Kirche an, sie besuchen aber lediglich dann die Gottesdienste, wenn sie »die Kirche brauchen«, eben zu Taufen, Konfirmationen und Hochzeiten. Dann freuen sie sich über Vertrautes, über die alten Lieder und den Klang der Orgel. Die Predigt darf nicht zu anspruchsvoll sein, vor allem muss eine deutliche Sprache gesprochen werden, die auch im Gedächtnis bleibt. Literarische Anspielungen werden oft nicht verstanden, Hinweise auf das tagespolitische Geschehen hingegen kommen an. Den Menschen ist es zwar sehr wichtig, getauft zu sein und zur Kirche zu gehören, aber sie können kaum sagen, warum. An erster Stelle steht bei derartigen Gesprächen die Abgrenzung zu den zahlreichen muslimischen MitbürgerInnen. Diese Haltung möchte ich in meinem Gottesdienst nicht verstärken: In der Taufe Jesu am Jordan bekennt sich Jesus Christus zu den Menschen –

und Gott bekennt sich zu seinem Sohn. In dieses Geschehen sind wir durch unsere eigene Taufe einbezogen.

Predigtidee

Mich reizt es, den kurzen Dialog zwischen Johannes und Jesus in den Mittelpunkt der Predigt zu stellen.
Die Rahmenhandlung könnte wie ein Drehbuch inszeniert werden: Zeit: Damals, als der erwachsene Jesus begann, auf der Erde zu wirken.
Ort: Der Fluss Jordan.
Einleitung: Jesus kommt zu Johannes, um sich taufen zu lassen.
Schwierigkeit: Zunächst wird Jesus abgewehrt, dann überzeugt er Johannes mit seinen Argumenten.
Hauptteil: Taufe im Jordanwasser, Verlassen des Wassers.
Showdown: Eine wunderbare Erscheinung passiert, der Himmel öffnet sich, der Geist Gottes fährt in Gestalt einer Taube auf den Täufling herab.
Ende: Eine Stimme aus dem Himmel klärt alle Umstehenden auf: Dies ist mein lieber Sohn, an dem ich Wohlgefallen habe!

Predigtthema

Wir dürfen als Getaufte in dem göttlichen Wohlgefallen leben. Seine Gerechtigkeit ist anders als unser Rechtsempfinden.

Vorschläge zur Liturgie

Lieder

Das Jahr ist noch jung, deshalb würde ich Lieder zur Jahreswende singen lassen, beispielsweise EG 64 (Der du die Zeit in Händen hast) oder EG 65 (Von guten Mächten treu und still umgeben). Als Epiphaniaslied unterstreicht EG 66 (Jesus ist kommen, Grund ewiger Freude) die Aussagen des Predigttextes, besonders die Strophen 6 und 7. Die Aspekte Taufe und Trinität nimmt EG 565 auf aus dem Regionalteil Niedersachsen/Bremen. (Mein Schöpfer, steh mir bei, sei meines Lebens Licht)

Eingangsvotum

»Trachtet zuerst nach dem Reich Gottes und nach seiner Gerechtigkeit, so wird euch solches alles zufallen!« (Matthäus 6,33)

Eingangsgebet

Guter Vater im Himmel, wir kommen zu dir wie wir sind und bringen dir unsere Zweifel, unsere Ängste und unser Unverständnis.
Lass uns auf Jesus Christus schauen, deinen Sohn und unseren König, mit Wasser getauft wie wir – weil du es so gewollt hast.
Wir möchten in ihm den Bruder erkennen – und so spüren, dass du uns ganz nahe bist.

Kollekte

Barmherziger, gütiger Gott, mit der Taufe am Jordan begann dein Sohn seinen Weg und Auftrag. Du hast ihn angenommen und vor aller Welt bestätigt. Auch uns hast du in der Taufe deine Liebe zugesagt. Gib, dass unser Leben dem Weg deines Sohnes immer ähnlicher wird.

Ch. Knuth u. a. (Hrsg.), Höre uns, Herr!, Gütersloher Verlagshaus GmbH, Gütersloh 1982, Seite 37

Fürbittengebet

Da Jesus aus der Taufe stieg,
sah er, dass sich der Himmel auftat:
So ist auch für uns, Getaufte, der Himmel aufgetan
und Erde und Himmel, Menschen- und Gotteswelt nicht mehr getrennt.
So soll niemand uns den Himmel verschließen
und auseinander reißen, was zusammengehört.
Da Jesus aus der Taufe stieg,
sah er, dass sich der Himmel auftat
und der Geist auf ihn herabkam.
So ist auch auf uns, Getaufte, der Geist Gottes herabgekommen,
und im menschlichen Wort vermögen wir, Gottes Stimme wahrzunehmen.
So soll niemand uns den Geist absprechen
und uns die Ohren taub machen für die Wahrheit.
Da Jesus aus der Taufe stieg,
sah er, dass sich der Himmel auftat
und der Geist auf ihn herabkam.

Da erscholl eine Stimme vom Himmel:
Du bist mein lieber Sohn, an dir habe ich Wohlgefallen.
So gilt auch für uns, Getaufte, dass wir Gottes Kinder heißen
und unter einem Vater in jedem Menschen den Bruder erkennen
können.
So soll uns niemand dem Bruder entfremden
und uns aus der Nähe Gottes weglocken.

Bernhard v. Issendorf, Tauferinnerung, aus: Erhard Domay (Hrsg), Gottesdienstpraxis Serie B, Taufe, Gütersloh 1984, Seite 138 f., Rechte beim Autor.

Dankgebet

Danke für die Menschen, die Schmerz und Sorge gelitten haben, damit wir in Frieden leben können;
für das Licht, das in der Dunkelheit scheint:
für die Macht des Guten über das Böse;
für den gesunden Menschenverstand, der sich über das Unverständnis erhebt;
für das Vertrauen in unsere Mitmenschen, welches der Weg zum Frieden und zur Ewigkeit ist.

H. Vonhoff (Hrsg.), Mein neuer Psalm, München 1967, Seite 32

Vorschlag zur Predigt

Möglicher Anfang

Johannes hatte damals viel zu tun am Jordan. Von überall her kamen Leute, um sich von ihm taufen zu lassen. Ganze Familien strömten zum Fluss, auf der Suche nach einem neuen, sinnerfüllten Leben. Johannes sah nicht gerade so aus, wie die Menschen sich einen Gesandten Gottes vorstellten: Einfache, farblose Kleidung bedeckte seinen schmächtigen Körper. Er achtete kaum darauf, was er anzog oder wovon er lebte, denn er hatte einen Auftrag zu erfüllen. Seine Lebensaufgabe war es, dem Herrn einen Weg zu bereiten, den Sohn Gottes anzukündigen, der das Heil bringen würde. Und wenn er von Gott erzählte, dann zog er alle in seinen Bann. Es war so, als hätte er eine besondere Gabe zu predigen. Seine Worte trafen die Menschen wie ein Pfeil, mitten ins Herz:

Johannes: »Tut Buße, bereut das, was ihr in eurem Leben falsch gemacht habt. Nutzt die Chance, neu anzufangen. Kommt ins Wasser, werdet rein, wascht alles Schlechte ab.« Johannes war schon ganz heiser. Aber er versuchte zu schreien, damit auch die entfernt Stehenden und die Unentschlossenen seine Worte hören konnten: »Seht her, ich taufe euch mit Wasser. Dabei bin ich nicht der Messias, auf den ihr wartet. Ich kündige ihn nur an, er wird sehr bald schon mitten unter euch sein. Ich taufe euch mit einfachem Flusswasser. Aber er wird euch mit dem Heiligen Geist und mit dem Feuer des Gerichts taufen, denn er hat die Vollmacht von Gott selbst!« Während dieser Worte schöpfte Johannes Wasser aus dem Fluss und begoss einen nach dem anderen damit. So half er ihnen, die Gegenwart zu ertragen. Viele nahmen die Hoffnung auf eine bessere Zukunft mit auf ihren Weg. Ein großer, schlanker, aufrechter Mann hatte sich in die lange Menschenschlange eingereiht, stand nun vor Johannes und richtete dieselben Worte an ihn, wie schon Hunderte zuvor.
Jesus: »Ich möchte getauft werden!« Johannes war wie vom Donner gerührt. Glückselige Wärme durchströmte seinen müden, abgearbeiteten Körper. Dieser Mann war der, auf den er schon so lange gewartet hatte, der Messias, der Sohn Gottes. Johannes hatte das Gefühl, Jesus schon ewig zu kennen. Immer hatte er an ihn gedacht, immer von ihm erzählt, sogar von ihm geträumt. Und nun kam genau dieser Jesus so einfach daher wie alle anderen? Das konnte nicht sein!

Zum weiteren Verlauf

Der Dialog zwischen Jesus und Johannes wird ausgeführt. Es könnten in einer Art Vorausschau die Lebenswege beschrieben werden, die auf die beiden Männer warteten (vgl. Matthäus 11 und 14). Beide gingen ihre Wege so, wie es für sie vorherbestimmt war. Sie nahmen freiwillig ihre Lebensaufgabe auf sich, auch wenn sie es dadurch bei ihren Mitmenschen oft schwer hatten.
Das ist vergleichbar mit den Lebenswegen der getauften Christen und Christinnen heutzutage (aktuelle Beispiele heranziehen).
Es gab aber auch Unterschiede: Johannes gab den Menschen in der Taufe den Anstoß zur Umkehr, seine ganze Existenz war Hinweis auf den Größeren. Jesus war dieser Messias, der so ganz anders als erwartet sein Wirken begann. Er lebte als Mensch unter Menschen. Er war derjenige,

dem Gott sein Wohlgefallen zusprach – damit er es weitergeben konnte. Und er musste sich immer wieder gegen das aussprechen, was eigentlich von ihm erwartet wurde (vgl. Johannes 13).

Möglicher Schluss

So ähnlich könnte es gewesen sein, das Gespräch dieser beiden bedeutenden Männer am Jordan. Damals, als der Himmel sich öffnete, und Gott laut und deutlich vor aller Welt sein Wohlgefallen an seinem Sohn Jesus Christus verkündetet.
Eben dieser Jesus, der Sohn Gottes, begann sein Wirken in dieser Welt ganz unten:
In einem Stall von Bethlehem wurde er geboren von seiner Mutter, wie alle Menschen auf der Welt irgendwann einmal geboren worden sind von ihren Müttern. In dem Wasser des Jordans kam er uns ganz nahe, ließ sich taufen wie wir uns taufen lassen, teilte seinen Vater mit den Menschen. Sein ganzes kurzes Leben lang warb er darum, uns Menschen zu seinen Geschwistern zu machen. Wir sollten seine Geschwister werden und untereinander Brüder und Schwestern, um Anteil zu bekommen an Gottes Wohlgefallen. In diesem Wohlgefallen dürfen wir leben und darauf warten, dass der Herr wiederkommt – so, wie er es uns versprochen hat.

Symbolische Handlung

Zur Erinnerung daran, dass wir uns als getaufte Christen und Christinnen zum Gottesdienst versammeln, könnten zwei Frauen den GottesdienstbesucherInnen die Hände liebevoll mit Duftwasser bestreichen (zur Begrüßung am Kircheneingang) oder ggf. mit dem Wasser ein Kreuzzeichen auf die Stirn streichen. Eine Frau hätte dann pures Leitungswasser in einer kleinen Schale, auf dem einige Rosenblätter schwimmen sollten. Eine zweite Frau hätte mit Blütenduft versetztes Wasser in ihrer Schale. Die Frauen sollten ihr Tun jeder Person separat erklären.

2. Sonntag nach Epiphanias
Das Evangelium nach Johannes 2,1-11

Hans Hermann Blettgen

Exegetisch-homiletische Skizze

1. Abgrenzung und Gliederung des Textes bieten keine Probleme.
2. Seit dem 3. Jahrhundert gehört Joh 2,1–11 zum Textbestand des Epiphaniasgottesdienstes. In Jesu erstem öffentlichen Auftreten zeigt sich seine die göttliche Macht und Herrlichkeit, »erscheinen« lassende eigene Macht und Herrlichkeit (vgl. 3,33 f.) und deren Reflex im Glauben der Jünger (vgl. 9,11). – Dem Prediger stellt sich die Aufgabe, den programmatischen Charakter des Textes durch die einzelnen Motive der Erzählung hindurch transparent zu machen.
3.1. Eine Hochzeitsfeier symbolisiert traditionell den Durchbruch der Heilszeit.
3.2. Ich zögere, die sechs leeren Wasserkrüge bzw. das Wasser auf das jüdische Gesetz – und damit unausgesprochen als von Jesus »abgetan« – zu beziehen. Ich zögere wegen der Wirkungsgeschichte, die eine solche Erklärung nach sich ziehen könnte, und nicht zuletzt auch wegen einer anderen exegetischen Sicht. Ich glaube in den sechs (!) Wasserkrügen einen Hinweis auf das ursprünglich Ganze, auf die »Fülle« der in sechs (!) göttlichen Tagwerken erschaffenen Welt (vgl. dazu die grundsätzlichen Aussagen in 1,2 f.) erkennen zu können. In der Tatsache, dass von »leeren« Krügen berichtet wird, spricht sich m. E. die Erfahrung aus, dass die »Fülle« der Schöpfung immer wieder »leer« zu werden und so die Freude an der Schöpfung immer wieder »auszugehen« droht. D. h.: Schöpfung und Geschöpfe bleiben auf das ständige Eingreifen des Schöpfers angewiesen. Erfahrbar wird Gottes Eingreifen als Schöpfer und als eschatologischer Heilbringer im »wunderbaren« Wirken Jesu Christi. Durch ihn erneuert Gott immer wieder die Einbindung des Menschen in das Ganze der Schöpfung und in den Glauben an die gute,

von ihm selbst gewollte Schöpfung. – Die theologische Basis von Johannes 2,1–11 lässt einen sehr lebendigen Schöpfungs- und Erlösungsglauben erkennen.

3.3. Der Wein symbolisiert die Erfüllungen und die Fülle der Heilszeit. Johannes charakterisiert sie als eine Zeit, in der aus dem »Vollen« geschöpft werden kann. Er benutzt hierzu das Stilmittel der Überhöhung: Der »neue« Wein ist – im Vergleich mit dem bisher ausgeschenkten – von geradezu verschwenderischer Quantität – und dazu noch von unvergleichlicher Qualität.

3.4. Fülle und Heil haben ihren Ursprung zwar im »Jenseits«, sie werden aber im Diesseits erfahren. Sie sind beides, eine geistige, psychische, spirituelle und zugleich eine geschichtliche, physische, materielle auf die Schöpfung, auf die Geschöpfe scl. auf den Menschen zugeschnittene Wirklichkeit, die alles Leben durchdringt und in »Hoch«-Zeiten, in Freudenfeste verwandelt. Es geht um die Erfahrung, dass sich leeres, unerfülltes Leben in erfülltes Leben verwandelt; dass ganz, »heil« wird, was Mangel leidet; dass in Beziehung kommt, was abgeschnitten, beziehungslos geworden ist.

3.5. Endzeitliche Freudenfülle »erscheint« irdisch zwar nur in Augenblicken, nur hier und da, aber das genügt, um auf den »Geschmack« zu bringen, um Erwartungen auf »Mehr« und »Endgültiges« zu wecken.

3.6. Grundlegend für Joh 2,1–11 ist die Kontrastsymbolik von Leere/Mangel und Fülle/Heil. Mangel/Leere verbindet der Evangelist mit der Schöpfung bzw. den Geschöpfen: Den Hochzeitsgästen »mangelt« es an Wein, denn die Krüge sind »leer«. Dagegen verbindet er Fülle/Heil mit dem Schöpfer: Fülle/Heil sind nicht planbare, »wunder«-bare Geschenke des Schöpfers an seine Geschöpfe.

3.7. Die wunderbare Wandlung von Wasser in Wein bzw. von »nur« alltägliche Freude auslösendem menschlichen Tun in endzeitliche Freudenfülle auslösendem durch Gott verwandeltes menschliches Tun kann »nur« erwartet werden. Als wunderbares Werk des Schöpfers entzieht es sich allen menschlichen Möglichkeiten. – Selbst der dem Vater nahe Sohn »wartet« auf seine Stunde (2,4b). In dem Weinwunder vollzieht sich der Wille und das Werk Gottes (vgl. 9,3). – Aber es kann und will vorbereitet werden. Wenn der Mensch tut, »was er (Jesus Christus) sagt«, wird er die göttliche Verwandlung dessen, was er tut, früher oder später an sich selbst bzw. an der gesamten Schöpfung erleben.

4.1. Die Frage nach dem Verhältnis von Wunder und Naturgesetz stellte sich dem antiken Menschen nicht. Ein Wunder war ihm das im Augenblick Unerklärbare. Mit Naturgesetzen rechnete er nicht, Erklärungsversuche kümmerten ihn nicht; denn es war ja gerade das Übernatürliche, das er im Unerklärlichen zu erkennen glaubte.
4.2. Der Prediger wird besonders die Hörer zu berücksichtigen haben, die die Erfüllung ihres Lebens orientierungslos mal hier und mal dort suchen und nicht finden, die allem »wunderhaften« Glauben als veraltet abgeschworen haben und auch die, die Lebenserfüllung direkt und massiv durch ein übernatürliches Wunder Jesu Christi heute erwarten. Er wird sich selbst vor der Versuchung der rechtfertigenden breiten Darlegung der Wunderproblematik bzw. der religionsgeschichtlichen Problematik und seine Hörer vor der Versuchung der unkritischen Rezeption der Wundergeschichte zu bewahren haben.

Predigtidee

In der Epiphaniaszeit sind die Erfahrungen des Weihnachtsfestes noch gegenwärtig. Sie könnten mit der Frage nach dem Sinn der Menschwerdung Gottes in Jesus verknüpft werden. Eine der möglichen Antworten lautet: In Joh 2,1 ff. macht Jesus zeichenhaft deutlich, dass Gott möchte, dass das »Fest« menschlichen Lebens gelingt.

Predigtthema

»Ich bin gekommen, dass sie das Leben und volle Genüge haben sollen.« (Johannes 10,10 b)

Vorschläge zur Liturgie

Eingangspsalm

Psalm 105,1–5 oder 37,11 oder 16,11; evtl. Joh 1,16

Eingeständnis

Unser Gott / gern lebten wir unser Leben wie ein Fest / erfüllt / glücklich / Freudenlieder singend // Angewiesen auf Freude / und empfänglich für Freude / hast du uns erschaffen // Lass uns hellsichtig werden / für die wunderbaren Wandlungen / die du durch Jesus Christus / an uns und an der Welt wirkst.

Zuspruch
2. Korinther 5,17; evtl. 1. Petrus 5,7

Kollektengebet
Unser Gott // Auf mancherlei Weise / und an vielen Quellen / suchen wir / unseren Durst nach Leben und Glück / zu stillen // Dorthin / wo er gestillt wird / führe uns dein Wort.

Lesung: Psalm 23,5 b f., evtl. 2. Mose 33,17 b–23

Fürbitten
Unser Gott / du wirst unser Leben verwandeln // Tiefere Einsichten und weitere Aussichten werden uns zuversichtlicher machen / und froher // Als Verwandelte / werden wir dafür eintreten / dass Bedrückte frei werden / Fröhliche froh bleiben / Traurige ihre Trauer überwinden / Hoffnungslose zu hoffen beginnen // Du hast unser Leben als ein Fest gedacht / Lass die Quellen nicht versiegen / aus der Fülle und Heil / aus der Freude in unser Leben strömt.

Lieder (entsprechend der Predigtintention auszuwählen): Jesus ist kommen EG 66,1+7+8; Brich uns, Herr, das Brot EG 162,1+2+4+5; Singet dem Herrn ein neues Lied EG 287; Nun danket Gott EG 290,1–3; Wer nur den lieben Gott lässt walten EG 298,1+2+4; Ich singe dir mit Herz und Mund EG 324,1+2+12 f.; Jesu, meine Freude EG 396,1+6; In dir ist Freude EG 398; Solang es Menschen gibt auf Erden 427; Unser Leben sei ein Fest EG 571. – Die Nummern sind dem EG (Evangelische Kirche im Rheinland …) entnommen.

Vorschlag zur Predigt

Wenn der Wein deiner (oder: eurer/unserer/Ihrer) Lebensfreude ausgegangen ist; wenn du dich leer und ausgezehrt fühlst; wenn nichts mehr in dir ist, von dem du schöpfen kannst; wenn dir die Ideen abhanden gekommen sind; wenn dir die Kraft fehlt, an Morgen zu denken; wenn die »Tief-Zeiten« deines Lebens die Erinnerung an seine »Hoch-Zeiten« verblassen lassen; wenn du in deiner täglichen, alltäglichen Arbeit keinen Sinn mehr zu erkennen glaubst; wenn Enttäuschungen überhand nehmen, dich lähmen; wenn deine Freundschaften zu zerbrechen drohen; wenn du dich elend und einsam glaubst; wenn Ängste und Trauer dein Leben besetzen; wenn dir die Tage zur Qual werden und du dennoch in schlaflosen Nächten den Morgen herbeisehnst; dann vertraue dich dem an, der dich zu deinem wahren Leben führen möchte. Dein wahres Leben ist das Leben, wie Gott es dir zugedacht hat. Er hilft dir, es zu erkennen und zu ergreifen.

Gott möchte, dass sich in deinem Leben die Momente häufen, in denen du dich fühlst wie das Brautpaar bzw. wie die Gäste auf jener Hochzeitsfeier in Kana. Ich denke an den Augenblick als sie vor den mit allerbestem Wein randvoll gefüllten Krügen standen und sie freudig erkannten, dass sie aus dem Vollen schöpfen konnten. Ich stelle mir vor, dass für Brautleute und Gäste das Fest erst jetzt auf seinen Höhepunkt zulief und dass das Haus bald von Reden und Lachen und Gesang widerhallte.

Erinnerst du dich an die Freudenfeste, die du ausgerichtet hast, die gelangen, weil es deinen Gästen an nichts mangelte?

Gott möchte, dass du dein Leben mit Lust lebst, frei und fröhlich, glücklich! Ein Leben voll gespannter Erwartung auf das, was der kommende Tag dir bringt; voller Freude auf die Begegnung mit Menschen, die du kennst und die du noch nicht kennst, ein Leben ohne Berührungsängste. Ein Leben voller Freude darüber, anderen Menschen Freude zu machen; voller Freude darauf, schwierige Aufgaben zu bewältigen, weil du endlich deine schöpferische Kräfte in dir nutzen kannst. So denkt Gott dein Leben! So ist er! Ein Liebhaber deines Lebens.

Liebst du dein Leben? Gott erwartet, dass du dein Leben liebst. Diese Liebe bist du deinem Schöpfer und deinen Mitgeschöpfen schuldig! Geh' gut mit dir selbst um! Öffne dich dem, was Gott dir durch die Geschichte von der Hochzeit zu Kana sagt! Nimm deine Chance wahr! Vertrau dich dem Freund deines Lebens an, deinem »Freudenmeister«! Lass ihn durch den zu dir reden, den er gesandt hat, um deinen Durst nach Leben zu stillen oder zu wecken, falls dir dein Lebensdurst abhanden gekommen ist.

»Was er euch sagt, das tut!« lässt Gott durch Maria den Dienern auftragen. Dieser Satz hat sich – buchstäblich – bewährt! »Bewährt!« weil alle, die die Worte hörten und danach handelten zur Wahrheit ihres Lebens fanden. Die Worte haben bis heute nichts von ihrer Wirkung verloren.
»Was er dir sagt, das tu!« Lass diese Worte zu dir gesagt sein. Dass sie im Namen Gottes gesprochen sind erkennst du schon daran, dass sie dich kraftvoll mahnen, jedoch ohne jeden drohenden Unterton, dass sie eindringlich um dich werben, jedoch dich nicht nötigen
»Was er dir sagt, das tu!« Ich verstehe: Vertraue dem, was er dir zusagt. Liebe dein Leben wie er dein Leben liebt. Halte dir selbst nicht mehr vor, was er dir längst vergeben hat. Schau nach vorn. Setze deine Erwartung, deine Hoffnung auf das, was er dir verspricht.
»Tu, was er dir sagt!« Du fragst: Was soll ich denn tun? Vielleicht denkst du aus deinen Enttäuschungen heraus: Was soll ich denn noch alles tun? Ich habe schon so vieles getan, schon so manches versucht und das meiste war vergeblich. Stell deine Fragen und Zweifel für einen Moment zurück! Gott kennt deine Möglichkeiten, aber er kennt auch deine Grenzen! Er wird dich nicht überfordern. Tu ganz einfach das, was du schon immer getan hast, aber tu es mit der Erwartung, dass Gott es verwandeln wird – genauer: dass er dich verwandeln wird. Du wirst dann zwar immer noch dasselbe tun, aber deine Erwartung, die Gott in dir geweckt hat, wird die Folgen deines Tuns verändern, sie werden dich verändern.
»Füllet die Wasserkrüge mit Wasser!« ließ Gott den Dienern durch Jesus sagen. Die leeren Krüge sind das Alltägliche. Und alltäglich ist das, wozu die Diener aufgefordert sind. Ich verstehe: Gott verwandelt das Alltägliche. Er wird auch deinen Alltag verwandeln. Den Gruß, den du täglich, alltäglich entbietest, die Hilfe, die du täglich, alltäglich anderen gewährst, das, was du täglich, alltäglich nimmst oder gibst, dein tägliches, alltägliches Leben in der Familie, deine täglichen, alltäglichen Begegnungen mit den Nachbarn, den Kollegen, aber auch deine tägliche, alltägliche Arbeit, besonders die täglichen, alltäglichen Sorgen, die du dir machst, alles Tägliche, Alltägliche, dass dich belastet und zu ersticken, zu lähmen droht, das wird Gott verwandeln. Mehr: Gott wird all das zu einer einzigen großen Freudenquelle für dich werden lassen.
»Siehe, ich verkündige euch große Freude, die allem Volk widerfahren wird!« Erinnerst du dich? Damals auf den Feldern Bethlehems wider-

fuhr die große Freude den Hirten. Später in Kana den Brautleuten und den Gästen, heute soll sie dir widerfahren. Gott möchte das so. Darum ist er Mensch geworden, darum hat er unter uns gelebt; darum wurde der Menschgewordene von den Toten auferweckt, damit auch du auferweckt wirst von einem unerfüllten, freudlosen in ein erfülltes, freudvolles Leben hinein. »Große Freude!«, das ist Gottes Programm für dich und die Welt.
Glaubst du das? Mit deinem Glauben, mit deiner Erwartung und Hoffnung könnte die wunderbare Verwandlung deines Lebens durch Gott, und damit die wunderbare Verwandlung der Welt durch Gott – und durch dich beginnen.
Den Menschen, der Welt dürstet es nach Heilung, nach Freude!

Gestaltungsideen

Tipp zur Gestaltung eines Familiengottesdienstes:
Wen Biblizismen nicht schrecken, mag auf das Kindermusical »Die Hochzeit zu Kana« von Hella Heinzmann zurückgreifen. – Ein freies Rollenspiel mit einzelnen Elementen aus dem o. g. Musical wäre eine Alternative.

Tipps zur Predigtgestaltung:
Denkbar wäre eine Interpretation des Gedichts »Die Krüge« von Paul Celan (s. u.); vielleicht auch: »Von der Hochzeit zu Kana« von Rainer Maria Rilke (Das Marien-Leben, Sämtliche Werke 2, Insel o. J., 675 f.) – eventuell in Verbindung mit der Vertonung durch Paul Hindemith (op. 27, Das Marienleben, no 9). Das würde allerdings dazu führen, dass – wie in der römisch-katholischen und ostkirchlichen Predigttradition – Maria stärker in den Vordergrund rückte.
Denkbar wäre auch eine Bildinterpretation. z. B.: Paolo Veronese, Hochzeit zu Kana (1562/3; Louvre/Paris). Oder: Julius Schnoor von Carolsfeld, Hochzeit zu Kana (1819, Kunsthalle Hamburg). Oder: Arnulf Rainer, Hochzeit zu Kana (1995/8, Sammlung Burda; Abbildung in: Bibelübermalungen, hrsg. v. Helmut Friedel, Ostfildern-Ruit 2000, Seite 248, Nr. 109). – Reproduktionen der o. g. Bilder können im Kunsthandel als Postkarten bezogen oder aus dem Internet heruntergeladen werden.

Kontexte

»Wir haben aber diesen Schatz in irdenen Gefäßen, damit die überschwängliche Kraft von Gott sei und nicht von uns.«

Paulus, 1. Korinther 4,7

»Ein Spötter soll dem Kirchenvater Hieronymus (347–420) einst vorgerechnet haben, dass Jesus auf der Hochzeit zu Kana über 300 Liter Wasser in allerbesten Wein verwandelt habe, obwohl die Hochzeitsgesellschaft schon ziemlich getrunken habe. Hämisch habe er dann den Kirchenlehrer gefragt, ob die Hochzeitsleute diese ungeheure Menge dann wohl ganz ausgetrunken haben. Worauf Hieronymus dem Spötter ganz ruhig geantwortet habe: ›Nein, wir trinken bis heute noch davon!‹«

Aus: Axel Kühner, Hoffen wir das Beste. Aussaat Verlag, Neukirchen-Vluyn, 5. Auflage 2001

Die Krüge

An den langen Tischen der Zeit / zechen die Krüge Gottes. / Sie trinken die Augen der Sehenden leer und die Augen der Blinden, / die Herzen der waltenden Schatten, / die hohle Wange des Abends. / Sie sind die gewaltigsten Zecher: / sie führen das Leere zum Mund wie das Volle / Und schäumen nicht über wie du oder ich.

Aus: Paul Celan, Mohn und Gedächtnis. © 1952 Deutsche Verlags-Anstalt GmbH, Stuttgart

Nur von Verwandelten können Wandlungen ausgehen!

Sören Kierkegaard

3. Sonntag nach Epiphanias
Das Evangelium nach Matthäus 8,5-13

Michael Rambow

Exegetisch-homiletische Skizze:

Ob er sich das hat träumen lassen, als Heide beispielhaft einmal im Lehrbuch des Glaubens der Christen vorzukommen? Immer erzählt die Bibel von Namenlosen, die durch ihre Glaubenskraft zu Berühmtheiten des Glaubens wurden. Diesmal ist es der Hauptmann von Kapernaum. Matthäus erzählt die Begegnung des Offiziers mit Jesus als Geschichte über die einzigartige Kraft des Vertrauens in Jesus. Das mit erzählte Heilungswunder bildet den Rahmen dazu. Das Glaubensthema, aber nicht das Wunder, ist Gegenstand der Predigt.

Damit ist die Frage nach der Mission verbunden. Eine der Säulen christlichen Selbstverständnisses ist der Auftrag zur Mission. Eltern versprechen bei der Taufe, für die christliche Erziehung der Kinder zu sorgen. Gemessen an den einerseits hohen Taufzahlen und andererseits beklagter fortschreitender Entkirchlichung fragt man sich: Missionieren wir noch? Die Zeiten für Mission im klassischen Sinn sind vorbei. Entsprechen aber die vielfältigen Gemeindeaktivitäten den Kriterien im Missionsauftrag Matthäus 28,18–20? Die Kirchen und Christen gelten z. Zt. vielen nur noch als fromme Sozialeinrichtung. Das eigene Unverwechselbare als Hilfe und zum Heil in die Gesellschaft einzubringen ist Anliegen des christlichen Glaubens.

Der Glaube an das Geheimnis des Gottessohnes wirkt auf Menschen in Deutschland abgegriffen und uninteressant. Christus erscheint vielen immer weniger als der Machtbeweis der Liebe Gottes zu allen Menschen. Dagegen nimmt der Glaube an Mächte zu bzw. scheint aus dem Verborgenen wieder aufzuwachsen. »Fernsehen total verhext« überschrieb die »Evangelische Zeitung« einen Artikel. Darunter stand: Sender setzen verstärkt auf Übersinnliches. Auffallend oder logische Folge

der immer gestylteren, perfekteren, funktionierenden, erklärbaren, manipulierbaren, griffigen Lebenswelt ist der Glaube an Hexen und Schamanen. Biblischer Glaube gründet sich nicht auf Übersinnliches. Er ist die »feste Zuversicht auf das, was man hofft, und ein Nichtzweifeln an dem, was man nicht sieht« (Hebr 11,1) und damit von anderer Qualität.
Glaube hat eine die Wirklichkeit verändernde Macht. Von dieser unvergleichlichen Macht über alles Böse, Leben gefährdende, zerstörende, kränkende des Glaubens redet Jesus selbst in unterschiedlichen Bildern (Mt 17,20; 21,21: Glaube, der Berge versetzt. Lk 17 5 f.: Glaube, der trotz geringer Größe unvorstellbar Großes bewirkt). Diesen Glauben, der Gott alles zutraut verbindet die biblische Rede oft mit Wundern. Denn bei Gott ist kein Ding unmöglich. Das rechtfertigt solchen Glauben. Der Hauptmann sagt es. Ich glaube, dass du die Macht hast, über die ich als Offizier nicht verfüge. Muss einer wie der Offizier aus Kapernaum erst die Grenzen eigener Macht spüren, um an die Macht des Jesus von Nazareth glauben zu können?

Glaube setzt sich gegen alle menschliche Macht durch und von ihr ab. Der Glaube an Gott offenbart seine Souveränität im Vertrauen darauf, was selbst Mächtigen unverfügbar bleibt. Christusglaube ist nicht die Alternative, wenn sich andere Mächte als unwirksam erwiesen haben. Vielmehr ist Glaube das Zutrauen zu dem, der alle übrigen Mächte umschließt und beherrscht. Im Zentrum Berlins stehen zwei pompöse Bauten einander gegenüber: der Wilhelminische Dom und der asbestverseuchte marode ehemalige »Palast der Republik« aus DDR-Zeiten. An der Fassade des »Palastes« ist noch die Haltevorrichtung für das DDR-Staatssymbol zu sehen. Über dem Domeingang steht in goldglänzenden Buchstaben: »Unser Glaube ist der Sieg, der die Welt überwunden hat.« (1 Joh 5,4) Kern dieses Glaubens ist die Einsicht, dass meine Fähigkeiten und auch die mir feindlich und mächtiger gegenübertretenden anderer eingeschlossen bleiben in die alles beherrschende Macht Gottes. Insofern ist Glaube unerreicht stark, autoritätsskeptisch und von einem ganz speziellen Lebensmut und -zutrauen. Glaube kann sich noch auf Gott berufen, wenn ich weder mir selbst noch anderen mehr trauen oder irgendetwas zum Leben verdanken kann.

Glaube erweist sich als stärkere Kraft zum Leben. Matthäus deutet die Begegnung zwischen dem Hauptmann und Jesus und das daraus resultierende Ergebnis ganz auf den Glauben hin. Lukas hat das Gespräch fast wörtlich übereinstimmend (Lk 7,1–10). Auch dem Heiden spricht Jesus die Zugehörigkeit zum Reich Gottes zu und versagt ihm als Zeichen dafür die erbetene Hilfe nicht. Der Hauptmann traut dem Wort die verändernde Kraft zu, vom Krankheitsübel zu befreien. Christus hat absolute Vollmacht über alles. Jesus erwidert das mit dem Erstaunen über solchen Glauben. Der Glaube des Hauptmanns bewirkt beides: die Erfüllung der unmittelbaren Heilungsbitte und die Aufnahme in die Gemeinschaft des Reiches Gottes. Die Szene endet mit einem harten Drohwort über die »Kinder des Reiches«.

Die Begegnung zwischen dem Hauptmann von Kapernaum und Jesus weisen die Exegeten als einziges Heilungswunder übereinstimmend der Q-Quelle zu. Wunder haben ihren Platz im Glauben im Zusammenhang biblischer Offenbarungs- und Heilungsgeschichten. Als solche sind sie Mittel, göttliche Kräfte zu demonstrieren. Werden sie aus diesem Zusammenhang isoliert, wird aus ihnen ein Spektakel. Die Menschen sagen: Daran kann ich nicht glauben. Darum ist es wichtig, den inneren Zusammenhang zu erhalten zwischen Wunder und Erzähltem. Wunder wiesen auf göttliche Macht hin, die der Mensch braucht, um zu leben.

Die »Wunder der Technik«, der Glaube an menschlich Machbares, der Hinweis, dass Heilungsfortschritte heute den Glauben an solche Geschichten erübrigen, sind zu keiner Zeit Alternativen zum Glauben an das ständige Angewiesensein auf Gott. Der Hauptmann ist ein schönes Beispiel dafür. Er war auf der Höhe seiner Zeit ausgestattet mit umfassender Macht. Er entdeckt eine ganz andere Macht, die Leben garantiert und heilt. Zu jeder Zeit ist die Frage des Glaubens: Auf welche Macht vertraue ich? Das ist keine Frage der Moderne oder der Methoden. Matthäus macht wunderbar deutlich, dass es nicht um die Frage von Wundern geht, sondern ob ich als Mensch mich Jesus anvertraue bei aller persönlichen Macht, allen Erwartungen oder Möglichkeiten. »Wunder sind nicht Beweise, sondern Aufrufe, Aufforderungen zum Glauben.« (R. H. Fuller, Die Wunder Jesu in Exegese und Verkündigung, Ev. Verlagsanstalt Berlin, 1970, 17)

Die Januar-Sonntage sind kirchliche Flaute nach dem Besucher- und Lichterstrom im Dezember und zu Weihnachten. Theologisch ist Epiphanias der Höhepunkt. Das Licht erscheint. Vertrauen in die alle Entfernungen und Trennungen überwindende Macht des Gottessohnes wird demonstriert. Das Heil erscheint allen Menschen, wie weit sie auch

entfernt sein mögen. Darum die Einbindung der Perikope in die Epiphaniaszeit.
Die Begegnung Jesu mit dem Offizier benutzt Matthäus, um im Rahmen seines Theologieentwurfes zu zeigen, wie Gottes Gegenwart, seine verheißene Rettung, sein Heil in Christus gegenwärtig erfüllt sind. Zweifelsfrei ist darum die Geschichte vom Hauptmann in Kapernaum eine missionarische Beispielerzählung, um Glauben zu wecken. Ihren Höhepunkt erreicht sie in der Zuwendung und Verheißung an den heidnischen Offizier und nicht in der im letzten Satz nachgetragenen erfolgten Heilung.

Predigtidee

»Nichts ist unmöglich – Toyota« lautet der Werbespruch einer Automarke. Glaube ist wirklichkeitsbestimmende und -verändernde Kraft. Ohne Glaube verändert sich gar nichts. Göttliche Worte sind mehr als Schall und Rauch. Das Vertrauen auf alles menschliche Verständnis übersteigenden Kräfte kennzeichnet den Glauben an Jesus Christus.

Predigtthemen

Mission/Worte können heilen/Die einzigartige Kraft des Glaubens

Vorschläge zur Liturgie

Wochenspruch

Es werden kommen von Osten und von Westen, von Norden und von Süden, die zu Tisch sitzen werden im Reich Gottes. (Lk 13,29)

Votum

Wir sind im Namen Jesu Christi zusammen. Sein Wort erinnert uns: »Unser Glaube ist der Sieg, der die Welt überwunden hat«.
Herr, unser Gott,
über alle Grenzen hinaus

lockst du und weckst Glauben.
Das wollen wir wieder erleben –
Auch in diesem Gottesdienst.
Hilf uns.

Aus: Liturgieentwürfe für das Kirchenjahr. Beratungsstelle für Gestaltung, Frankfurt/M. 1985, ergänzt

Kollektengebet

Gott,
unter allen Völkern
hat das Wort von Jesus
Menschen geheilt
und froh gemacht.
Wecke in uns
neu
den Glauben,
der Hilfe sucht
bei Jesus,
dem Herrn
und unserem Bruder
im Heiligen Geist.

Aus: Michael Meyer, Nachdenkliche Gebete im Gottesdienst. Vandenhoeck & Ruprecht, Göttingen 1988

Lesungen

Epistel: Römer 1,(14–15).16–17
Evangelium: Matthäus 8,5–13. Da diese Lesung zugleich Predigttext ist, könnte überlegt werden, die alttestamentliche Lesung für diesen Sonntag zu lesen 2. Könige 5,(1–8).9–15.(16–18).19 a

Lieder

Wochenlied: Lobt Gott den Herrn, ihr Heiden all EG 293
Vor der Predigt: Such, wer da will, ein ander Ziel EG 346,1.2
Lied nach der Predigt: Such, wer da will EG 346,3–5 oder
Ich möchte Glauben haben EG Niedersachsen/Bremen, 596,1–4
Weitere Lieder: O Jesu Christe, wahres Licht EG 72,1–3.5.6
Jesus ist kommen EG 66
Auf, Seele, auf und säume nicht EG 73,5.8–10
Du Morgenstern, du Licht vom Licht EG 74

Fürbittengebet

Ach Herr,
könnten wir doch fremde Menschen
mit den Augen Jesu ansehen:
Was gäbe das für ein Vertrauen!
Was gäbe das für eine Liebe!
So bitten wir für die Völker der Welt, dass sie einander Vertrauen schenken und sich auf den Weg machen, mit vereinten Kräften dem Wohl aller zu dienen;
für die christlichen Kirchen, dass sie ihren Platz an der Seite der Ärmsten wissen und sich für Frieden und soziale Gerechtigkeit einsetzen;
für alle, die unterwegs sind auf der Suche nach Heilung und Glück, dass sie etwas von dem Licht sehen, das mit dir gekommen ist für alle;
um die Freiheit
füreinander Zeit zu haben, den Mut
von sich zu erzählen
und Interesse zu finden,
sich einzulassen auf das Leben anderer,
einander zu verstehen
und Freund zu werden.
Dann werden wir auch bei Fremden
überraschenden Glauben entdecken,
und Wege, die uns jetzt noch verbaut sind, werden frei.
Wir bitten dich um den Mut, guter Gott,
mit dir über Grenzen zu gehen,
damit aus Getrennten dein Volk wird.

Aus: Liturgieentwürfe für das Kirchenjahr. Beratungsstelle für Gestaltung, Frankfurt/M. 1985, ergänzt

Segen

Gott segne uns alle.
Gehet hin in Dank und Freude,
gebt die Einladung Gottes weiter,
lasst uns füreinander offen sein.
Die Gnade unseres Herrn Jesus Christus
und die Liebe Gottes und die Gemeinschaft des Heiligen Geistes
sei mit uns allen.

Elfriede Hirsch/Beate Gröne, Segen, aus: Gabriele Miller (Hrsg.), Und alle Frauen tanzen mit. Gottesdienste von Frauen für Frauen, © Schwabenverlag, Ostfildern 1996, Seite 113

Vorschlag zur Predigt

Möglicher Anfang

Auf der Nordseeinsel Amrum haben sie einen besonderen Friedhof angelegt. Am Rand des Dorfes, auf einer leichten Anhöhe, gegenüber der alten Windmühle liegt der kleine Friedhof für die unbekannten namenlosen Opfer der See. Kein Name, keine persönlichen Daten. Nur die Tage, an denen man die Ertrunkenen am Strand fand, stehen auf den Grabkreuzen. Ja, und für jeden ein Kreuz über dem Grabhügel. Niemand kennt ihre Geschichten. Unbekannt ist für immer, was und wen sie liebten oder hassten. Unbekannt ist ihr Alter. Und nicht einmal kann man sich ganz sicher sein, wie viel oder wie wenig jeder mit dem Kreuz, unter dem sie nun ruhen tatsächlich anfangen konnte. Glaubten sie an Christus? Was glaubten sie? Schrieen sie verzweifelt in einer stürmischen See ihre letzte Not, und riefen sie Jesus als Notanker an? Fluchten einige? Hofften sie nicht alle auf ein Wunder?

Sie ruhen dort, weil sie dazugehören sollten, ganz gleich wer sie waren und was mit ihnen war.

Zum weiteren Verlauf

Eine Geschichte vom Glauben erzählt Matthäus. Ein namenloser Offizier aus der Garnison in Kapernaum trifft sich mit Jesus. Und es entwickelt sich, während der Hauptmann über seine Ängste und Hoffnungen für einen Unterstellten Jesus berichtet ein Gespräch über den Glauben.

Am Ende hat der Glaube geholfen, der Glaube, der Berge versetzen, Leben heilen und Menschen einen Platz bei Gott geben kann.

Der Hauptmann ist offen für eine andere Wirklichkeit. Er vertraut nicht allein der Wirklichkeit seines Befehlswortes. Er glaubt der Wirklichkeit des Wortes Jesu.

Es könnte sich ein Gedankengang anschließen über Fürbitte – vor Gott für andere eintreten – andere mit der Bitte vor Gott in seine Wirklichkeit hinnehmen.

Ein weiterer Gedanke ist der, dem fremden Wort zu trauen. Worte sind Wirklichkeiten, und gesprochene Worte schaffen Wirklichkeiten. Solange etwas nicht ausgesprochen ist, scheint es nicht in dieser Wirklichkeit zu sein. Solange Liebende z. B. sich nicht gegenseitig ihre Liebe gestanden haben, hoffen sie beide auf das entscheidende Wort. Und wenn es ausgesprochen ist, verändert es ihre Situation in eine neue Perspektive. Der Offizier weiß etwas über die Wirkkraft ausgesprochener Worte. Er appelliert mit diesem Wissen an Jesus, das mit seinem Wort und seiner Wirkkraft in dem konkreten Fall zu tun.

Möglicher Schluss

Jesus kann Leben verwandeln. Die Frage: geht das überhaupt, gehört nicht zum Glauben. Ich wünsche uns solchen Glauben, der wagt, sich dem Unglaublichen auszuliefern, auf Jesu Wort sich verlässt und dem Leben neue Perspektiven öffnet. In einem Gebet heißt es: Lass mich nicht ausweichen, sondern mein Leben dem Glauben, meinen Glauben dem Leben aussetzen. Ich will erfahren, was dein Wort für mein Leben bedeutet.«

Kontexte

Wunder gibt es immer wieder, heute oder morgen können sie geschehn. Wunder gibt es immer wieder. Wenn sie dir begegnen, musst du sie auch sehn.
(Schlagertext)

es ist ein wunder
was ist ein wunder?

gezeugt zu werden
zu zeugen
geboren zu werden
zu gebären
gelebt zu werden
zu leben
geschaffen zu werden
zu schaffen
geträumt zu werden
zu träumen
geliebt zu werden
zu lieben
gebraucht zu werden
zu brauchen

gedacht zu werden
zu denken
gefühlt zu werden
zu fühlen
gestorben zu werden
zu sterben

es ist ein wunder
ist es ein wunder?
es ist

Aus: Kurt Marti, Leichenreden. Nagel & Kimsche, Zürich 2001

Eine Religionslehrerin an einer Haupt- und Realschule zur Kollegin kurz vor der Stunde:
»Was machst du heute? Ich weiß eigentlich gar nicht so richtig, was ich machen soll. Ich werde irgendwas Soziales machen.«

Glauben heißt nämlich nicht, überzeugt sein, dass es im Himmel, wie sie sich ausdrücken, »etwas gibt«, sondern überzeugt sein, dass Gott auf Erden in uns und durch uns wirken kann. In diesem Sinn ist Glauben immer Glauben an ein Wunder: eine bekehrte Seele, ein verändertes Leben, eine überwundene Unmöglichkeit – und das alles wird hinterher so einfach, so wenig ungewöhnlich erscheinen ... Aber erschien es nicht fast undenkbar, bevor es eintrat?

Henri Hatzfeld, Feuer und Wind aus: Hamdorf-Ruddies/Josuttis (Hrsg.), Zitate für die Predigt, Vandenhoeck Göttingen 1993, 69

Letzter Sonntag im Januar – Bibelsonntag

Was verstehen wir unter Offenbarung

Offenbarung 22,18–21 (Simchat Thora – Sure 2,114)

Bernhard von Issendorff

Exegetisch-homiletische Skizze

In einer Zeit, da die allgemeine Bedeutung des Kirchenjahres geschwunden ist und im Bewusstsein auch der Kerngemeinde nur die drei Hauptfeste noch eine Rolle spielen, einen neuen inhaltlich bestimmten Sonntag zu etablieren, ist eine große Mühe. Bedarf es eines Bibelsonntags? Ist nicht jeder Sonntag mit seiner Predigt als Bibelauslegung für die Gemeinde ein Bibelsonntag? Und was sind die Bibelsonntage gegen die Einbeziehung der Bibel in den Alltag der Frommen mit täglicher Bibellese, Losung und Lehrtext?

Der Islam respektiert Juden und Christen als Schriftbesitzer. Doch sind die Christen in der Bundesrepublik nicht eher Schriftvergesser? In der Schule erleben wir, wie junge Menschen ablehnend reagieren, wenn Beschäftigung mit der Bibel angekündigt wird, und wie sie Geschichten, deren biblische Herkunft ihnen unbekannt ist, ihre Neugier wecken. Ich habe Zeitgenossen erlebt, die deshalb zur Bibel griffen, weil sie von Muslimen hörten, dass auch im Koran etwas, ja sehr viel, von Abraham, Maria und Jesus stände. Zweifellos sind wir auf den interreligiösen Dialog auch unter den monotheistischen Religionen schlecht vorbereitet, wenn wir die Bibel wenig oder gar nicht kennen.

Der Bibelsonntag verlangt einen Text, der die Besonderheit des biblischen Textes und seine ernsthafte Bewahrung einschärft. Solches findet sich als Schlussbemerkung bei Johannes (Joh 20,30 f. + 21,24 f.) und am Ende der Apokalypse und damit am Ende des neutestamentlichen Kanons (Offb 22,18–21).

Der Trialog der abrahamitischen monotheistischen Religionen, Judentum, Christentum und Islam, nötigt uns, unser Bibelverständnis und damit unser Verhältnis zu der heiligen Schrift zu bestimmen, nicht nur weil uns der Islam ein genaues Verhältnis zu seiner heiligen Schrift, dem Koran, vorlebt und oft verwundernd feststellt, dass die Christen viel weniger zu ihrer Bibel stehen, als der Moslem an seinem Koran festhält. Der Vergleich macht Unterschiede deutlich. Das Gespräch hilft, sich selbst zu finden und seine eigenen Glaubensvorstellungen deutlicher zu erkennen. (Anders: Wer sich nicht auf das Gespräch mit den anderen einlässt, erleidet Mangel an Selbsterkenntnis).

Die Nähe von Offb 22,18–21 zur Sure 2,114 ist auffällig. Obwohl – so sagt der Koran – Judentum und Christentum die Offenbarung Gottes kennen, werfen sie sich gegenseitig »Unsicherheit« vor und erwarten die Lösung der Fragen im Eschaton. Der gegenseitige Streit macht beide unglaubwürdig. Nur im gegenseitigen Respekt werden sie auch für Dritte glaubwürdig.

Der Islam weiß sich getragen von göttlicher Offenbarung. Lesen heißt eigentlich rezitieren. Eine Textanalyse findet nicht statt. Der Text selbst kommt aus Gottes Ewigkeit unveränderlich in die Zeit. Deshalb kann er auch nur arabisch zitiert und nicht übersetzt werden.

Das Judentum bezweifelt die göttliche Herkunft der Weisung (Thora) und der Prophetie (Nebbeim) nicht. Seine Analyse des Textes zielt darauf die Bedeutung für die jeweilige Situation zu gewinnen. Der Text ist den Menschen gegeben in pädagogischer Weise, wie er ihn zu verstehen vermag.

Das Christentum (von den Orthodoxen und den Orientalen abgesehen) analysiert die Texte als menschliche Werke, um so hinter das göttlich Gemeinte zu kommen. Das ist nötig, denn der Text ist ein historisches Zeugnis der menschlichen Glaubenserfahrung mit diesem Gott.

Solange sich die Religionen nur nach ihrem jeweiligen eigenen Verstehen messen (hier also um das Offenbarungsverständnis) kann nur das vernichtende und missverstehende Urteil »Ungläubig« herauskommen. Das Gespräch mit dem Judentum hat dagegen dort Fortschritte gemacht, wo man sich auf das Verständnis des anderen eingelassen hat, sachgerecht auch die Begriffe des anderen nutzt. Diese Erfahrungen des Dialogs mit dem Judentum sind zu nutzen, wenn der Trialog der monotheistischen Religionen Annäherung und Verstehen ermöglichen soll.

Predigtidee

Ich möchte das schwierige und leider noch ungewöhnliche Thema recht anschaulich gestalten. Dies kann man immer am besten mit einer narrativen Predigt. Ich werde drei Szenen erzählen:

Die erste Szene ist die Feier von Simchat Thora, wie ich sie in Jerusalem an der Westmauer und im orthodoxen Viertel Mea Shearim erlebte. Wer das nicht aus eigenem Erleben berichten kann, schildert ein Bild, der hinter der Thorarolle hertanzenden jüdischen Männer, wie es vielfältig verbreitet ist.

Ich erzähle als zweite Szene, warum der Versuch, ein christliches Bibelfreudefest zu feiern, nicht nur deshalb scheiterte, weil wir Christen den Juden ein Fest nachahmten und damit enteigneten, wie die Juden sagten, sondern aus inhaltlichen Gründen scheitern musste. Dies gibt mir Gelegenheit, die Differenzen zu beschreiben. Für die Juden ist die Thora

göttliche Weisung in historischer Gestalt, für uns Christen ist die Bibel der menschliche Bericht von menschlicher Erfahrung mit Gott.

Das islamische Verständnis stelle ich als dritte Szene dar mit der Erfahrung einer »Koranlesung«, die selbstverständlich eine Rezitation war. Ich erlebte sie durchgeführt von dem Sieger eines weltweiten Koranlesewettbewerbs, eines Weltmeisters in der Koranlesung. Warum gibt es keinen Weltmeister im Bibelvortrag? Welche tiefe Gläubigkeit tat sich selbst dem auf, der kein Arabisch versteht.

Predigtthema

Unser Glaube fußt auf einer festen Offenbarung, auch wenn uns diese nur im Bericht menschlicher Erfahrung überliefert ist. Die anderen monotheistischen Religionen haben ein anderes Offenbarungsverständnis, darüber müssen wir im gegenseitigen Respekt ins Gespräch kommen.

Vorschläge zur Liturgie

Psalm-Variation (Psalm 111,3)

Er hat ein Gedächtnis gestiftet seiner Wunder
unser gnädiger und barmherziger Gott.

Israel bekam die Thora,
die Weisung für das Leben.
Im brennenden Dornbusch erschienst du ihnen.
Du führtest sie aus der Sklaverei in die Freiheit,
du warst ihnen Wolken- und Feuersäule.
Du gabst ihnen eine Heimat im fremden Land.

Es hat ein Gedächtnis gestiftet seiner Wunder
Unser gnädiger und barmherziger Gott.

Dem Volk wurden gegeben die Propheten,
die Deutung der Geschichte.

Du ließest deinen Geist sprechen im Munde der Menschen.
Du führtest sie durch das Gericht des Exils.
Du warst ihnen Grund der Leiden und Hoffnung
Und gabst ihnen Überleben in feindlicher Fremde.

Es hat ein Gedächtnis gestiftet seiner Wunder
Unser gnädiger und barmherziger Gott.

Christus Jesus ist uns gegeben,
Heiland der Welt aus Israel.
In deinem Wort und in deinem Mahl bist du uns nah.
Du ließest Gnade aufleuchten,
als du auferwecktest den Gekreuzigten.
Du hast ausgegossen heiligen Geist auf die Glaubenden.

Es hat ein Gedächtnis gestiftet seiner Wunder
Unser gnädiger und barmherziger Gott.

Es wurden aufgeschrieben Erfahrungen,
die wir in der Liebe gemacht hatten
in den Evangelien, den Predigten unseres Glaubens
und wie sie uns aufgeholfen hatten

die Hoffnung auf diese Hilfe
in Briefen, Gebeten und Liedern zum Zeugnis der Welt.

Es hat ein Gedächtnis gestiftet seiner Wunder
Unser gnädiger und barmherziger Gott.

Arabien ist gegeben der Prophet,
du schenktest ihnen Mohammed.
Das Siegel der Prophetie des Himmels.
Gabriel gab ihm in Gottes Namen den Koran,
daraus leben sie bis zum Tage,
und heilig ist ihnen Buch und Schrift.

Es hat ein Gedächtnis gestiftet seiner Wunder
Unser gnädiger und barmherziger Gott.

Du lässest sie erfüllen heilige Pflichten,
und sie stehen in der Geschwisterschaft vor Allah,
und sie neigen sich allein vor Gott im Gebet.
Nichts kann die Gläubigen trennen
Von ihrem Gott und den heiligen Worten.
Ihr Leben: göttliche Gabe, ein reichlicher Segen für alle.

Es hat ein Gedächtnis gestiftet seiner Wunder
Unser gnädiger und barmherziger Gott.

Gebet

Du. Licht der Welt,
wir beten für alle, die mit uns,
sich ihr Leben bestimmen lassen von deiner Offenbarung:
Lass ihnen dein Licht als Klarheit der Hoffnung,
als Reinheit der Liebe
und als Gewissheit des Glaubens
ihren Lebensweg erleuchten.

Du, Kraft des Lebens,
wir beten für alle, die wie wir,
nach deiner Überlieferung suchen in den heiligen Texten:
Lass ihnen deine Kraft als Stärke zur Gerechtigkeit,

als Offenheit zur Wahrheit
und als Schwung zur Menschlichkeit
ihre Gemeinschaft bestimmen.

Du, vielfältiger Klang des Himmels,
wir beten für alle, die wie wir
in der Bibel der beiden Testamente lesen,
dass sie dein Wort bewahren,
dich damit preisen und feiern
und ihre Geschwister lieben.
Wir beten für alle, die zum Volk Israel gehören,
die in der Bibel ihrer hebräischen Ahnen studieren,
dass ihr Eifer nicht erlahme,
dir in jedem Gebot treu zu folgen
und ihre Geschwister lieben.
Wir beten für alle, die sich vor Gott niederwerfen,
den Koran sich zu Herzen nehmen,
dass ihr Glaube überzeugend sei,
dir vor aller Welt Zeugnis abzulegen
und ihre Geschwister lieben.

Ein besonderes Problem muss der Liturg, die Liturgin klären: Kann der Koranvers (s. u.) liturgisch verwendet werden, etwa als ein Teil der Lesung? Welcher Respons kann folgen? Es wäre ein wichtiges Zeichen, wenn es nicht nur auf dem Gottesdienst abgedruckt und in der Predigt zitiert werden würde. Müsste und sollte ihm dann nicht auch ein jüdischer Vers beigegeben werden? Welcher?
Die Verwendung fremden religiösen Gutes im christlichen Gottesdienst bedürfen, damit es nicht als Enteignung verstanden werden kann, der genauen Kennzeichnung: ZB.: »Wir beten mit Worten aus dem Achtzehnbittengebet (dem Smone Esre Israels)« oder »Wir nutzen zum Gebet Worte des Koran, aus der ersten Sure, der »Eröffnenden«, die Moslems in vielen Gebeten rezitieren.« Weil Elohim und Allah und der Gott unseres Herrn Jesus Christus eins sind – und sprachlich wie auch religionsgeschichtlich sind sie es – müssen wir auch mit einander zu diesem Gott beten können.
Als Evangeliumslesung schlage ich Mt 11,20–24 vor, ein harter Gerichtstext, der allem Privilegsdenken widerspricht. Frage: Kann man auf solch

einen Text mit Halleluja antworten, würde es nicht eher als Antwort das Kyrie verlagen?

Vorschlag zur Predigt

Möglicher Anfang

Die Mitglieder der Reisegruppe brachen am Abend vom Hotel in der Neustadt voller Erwartung auf. Ihr Großteil wanderte den etwas weiteren Weg zum Kotel – der Westmauer des alten Tempels in Jerusalem, die wir Christen in Verkennung ihrer wirklichen Bedeutung Klagemauer nennen. Die anderen spazierten beobachtend in das Viertel der Ultra-Orthodoxen »Mea Shearim«.
Viele Juden waren auf dem Weg zum Kotel oder zu ihrer Synagoge. Sie eilten nicht nur wie sonst üblich. Ihre Schritte hatten heute etwas Beschwingtes. Sie eilten und tanzten zugleich.
Heute ist Simchat Thora: Freude über die Gabe der Thora. Was wir Christen wiederum in Verkennung der wahren Bedeutung »Gesetz« nennen. Juden sprechen von Weisung. Weisung zum Leben. Einweisung ins Leben.
Im Orthodoxenviertel haben sich vor einigen Synagogenfenstern Trauben von Frauen gebildet. Sie sehen ihren Männern drinnen bei ihrem Tun zu. Am Kotel entfaltet sich ein großes Schauspiel.
Heute wird der letzte Abschnitt der Thora gelesen. Es ist eine besondere Ehre, heute zur Lesung aufgerufen werden. Alle Thorarollen werden heute aus dem Thoraschrein ausgehoben.

Zum weiteren Verlauf

Ich erzähle vom Verlauf des Festes, von dem Tanz der Männer mit der Thorarolle, wie sie wandert von einem zu anderen, jeder begierig ist, sie voranzutragen, von ihren Liedern.

Baer, Nr. 926

Dann kehre ich in meiner Erzählung zu der Reisegruppe zurück.

Übergang zur 2. Szene

Auf dem Rückweg durch das nächtliche Jerusalem wird unter den Mitgliedern der Reisegruppe diskutiert. Welch eine Freude über die heilige Schrift? Wir haben nichts Vergleichbares? Können wir mit dem Evangelium tanzen? Warum eigentlich nicht?

Einer weiß, bei der Begründung der Union zwischen Lutheranern und Reformierten 1817 da hat man Bibel und den Kelch für das Abendmahl und die Sakrament um die Kirche in einer feierlichen Prozession getragen.

Tatsächlich hat es auch christliche Versuche zu einem Bibelfreudefest gegeben. Ich habe an einem solchen Fest damals in Frankfurt teilgenommen. Es wurde viel gesungen – ja man hatte jemanden besorgt und engagiert, der die hebräischen Lieder singen konnte, weil man in der eigenen Tradition nichts hatte finden können. Es wurden Abschnitte aus der heiligen Schrift verlesen, die von der Bedeutung der heiligen Schrift Zeugnis ablegten.

Aber da hatte es schon in der Vorbereitung Schwierigkeiten gegeben. Wir haben zwar Lesungen, aber keinen umfassenden Zyklus. Sollte der Johannes-Prolog im Mittelpunkt stehen, wie einige wünschten? Doch da ist das Wort nicht das geschriebene Wort der Bibel, sondern das lebende Wort im Christus.

Die Unterschiede im Schriftverständnis müssen nun entfaltet werden. Dann kommt der Widerspruch der jüdischen Freunde gegen dieses »Nachstellen eines jüdischen Festes durch Christen« und der »Enteignung des Jüdischen« zu Wort.

Übergang zur 3. Szene

Israels Freude über Gottes Weisung, sein Tanz mit der Thorarolle nötigt uns Respekt ab, es stellt laut die Frage an die christlichen Gemeinden: Wo ist eure Freude über Gottes Offenbarung? Wie feiert ihr das Privileg »Heilige Schriften« zu besitzen? Sind sie euch gar lästig geworden? Vergisst und verdrängt die Christenheit seine Bibel?

Die Frage nach der Bibel, nach Gottes Wort wird uns heute auch vom Islam gestellt. Mohammed hat Juden und Christen eine besondere Stellung eingeräumt, denn sie galten ihm als »Schriftbesitzer«.
Vorsichtig beginnt auch in unserer Stadt das Gespräch zwischen den Christen und den Muslimen, wie das christlich-jüdische Gespräch schon Gestalt und Organisationsformen gefunden hat: abrahamitische Gemeinschaften, Arbeitsgemeinschaften, Formen entstehen. Weil alle drei monotheistischen Religionen Abraham als Vater des Glaubens achten.
Vielleicht ist es gut und nötig, den Unterschied im Verständnis Abrahams in den drei Religionen darzutun, er macht viel von der jeweiligen Eigenheit deutlich. Vielleicht erzähle ich von einer christlichen Frau, die in der Bibel über Abraham nachliest, weil sie von Muslimen von der Bedeutung des Ibrahim gehört hat.
Wir sitzen in der Moschee und sprechen miteinander, sprechen auch über Abraham, über unsere jeweilige Sicht auf Maria und Jesus. Das Gesprächzimmer, wo einige wichtige Männer der islamischen Gemeinde sich versammelt haben, am Ende des Saales ist verschlossen. Während des Gespräches entdeckt der moslemische Gesprächsführer unter den übrigen Besuchern der Moschee einen Bekannten. Er stellt ihn uns vor. Der Bekannte hat einen internationalen Wettbewerb im Vortrag des Koran gewonnen, er ist so etwas wie ein amtierender Weltmeister im Koranlesen. Er wird gebeten, etwas aus dem Koran zu lesen.
Ich schildere den Eindruck des Koranvortrages, denn selbstverständlich lies er nicht, sondern zitiert die Suren aus dem Kopf, nein aus dem Leib, denn es ein Aufgehen des Vortragenden in die Worte, ja in die einzelnen Laute.
Wir sind angerührt, obwohl keiner von uns arabisch kann. Es teilt sich die Religiosität des Vortragenden auf uns mit, ohne dass wir wüssten, was er gesagt, gesungen hat. Übrigens die Notabeln in ihrem Gesprächzimmer haben ihr Gespräch unterbrochen und haben die Tür geöffnet und lauschen dem Vortrag.
Hier ist die Bedeutung des Koran für den Moslem darzustellen. Wie ist das Verhältnis von Offenbarung und heiliger Text? Im Koran fällt beides zusammen, für das Judentum berichtet der Text von der Offenbarung, für uns Christen ist der Text das menschliche Zeugnis von Menschen, die Gottes Offenbarung erfahren haben.

Möglicher Schluss

Wer sich auf den interreligiösen Dialog einlässt, erfährt nicht nur von den anderen Glaubensvorstellungen viel, sondern er entdeckt auch seine eigenen – nicht nur wieder, sondern ganz neu. Identität formt sich im Dialog mit dem Fremden, das zur Bereicherung wird.

Gestaltungsidee

Es wäre gut, man hätte jüdische und moslemische Gesprächspartner und könnte anstelle des monologischen Vortrags zu einem Gespräch miteinander kommen, doch will das intensiv vorbereitet sein.

Kontexte

TALISMANE

Gottes ist der Orient!
Gottes ist der Okzident!
Nord- und südliches Gelände
Ruht im Frieden seiner Hände.

Johann Wolfgang von Goethe: West-östlicher Divan. Goethes Werke in zehn Bänden, Zürich 1962 2. Bd., Seite 586

2. Sure, 114

Die Juden sagen: »Die Christen haben keine Gewissheit.« Die Christen sagen: »Die Juden haben keine Gewissheit.« Und doch lesen beide die Schrift. Ähnlich sprachen die, welche gar keine Offenbarung kannten. Aber Allah wird einst am Tag der Auferstehung über das entscheiden, worüber sie heute streiten.

Tipps zum Text

Zur abrahamitischen Gemeinschaft: zur Lektüre empfohlen: G. Baudler: Die Befreiung von einem Gott der Gewalt Düsseldorf 1999, Seite 289–378; K. J. Kuschel: Streit um Abraham. Was Juden, Christen und Muslime trennt – und was sie eint. München 1994 und Vom Streit zum Wettstreit der Religionen Lessing und die Herausforderung des Islam Düsseldorf 1998.

Die großen Versuchungen
Tag des Gedenkens an die Opfer des Nationalsozialismus
Thema-Gottesdienst

Karl-Heinz Ronecker

Predigtidee

Ausgangspunkt der Predigt soll die Frage nach dem Geheimnis des Bösen sein. Dabei fällt mir die Bemerkung einer alt gewordenen jüdischen Bekannten ein. »Die Jungen«, sagte sie über ihre Enkel, »wissen nicht mehr, was es heißt, unter einer Diktatur zu leben.«

Predigtthema

Den Hintergrund der Predigt bildet die Geschichte von Jesu Versuchung. Dabei geht es um die dreifache Versuchung: durch das Brot, durch die Macht und durch das Wunder.
Von der redet der Text. Sie wird zugleich anschaulich in der Begegnung des Großinquisitors mit Jesus, von der Dostojewskij erzählt. (Die Brüder Karamasow)
Gleichzeitig soll deutlich werden, dass Jesu Passion die beste Auslegung der Geschichte von seiner Versuchung darstellt.

Zur Gestalt des Gottesdienstes

Es ist selbstverständlich möglich, den Gottesdienst in der vertrauten Gestalt zu feiern. Im Blick auf die Thematik würde ich jedoch eine freiere Form der Liturgie empfehlen. Die könnte so aussehen:
Orgelvorspiel/Wort zum Eingang/Bußpsalm oder Bußgebet/Lied/Lesung des Textes aus Ravensbrück/Orgelmeditation/Lesung aus Lk 4/Lied/Ansprache/Orgelmeditation/Fürbitten/Vaterunser/Lied/Segen.

Lieder

EG 263 »Sonne der Gerechtigkeit«; EG 299 »Aus tiefer Not«; EG 64,2, 3,5,6 »Wer ist hier, der vor dir besteht«; EG 78 »O Mensch bewein«; EG 236 »Ohren gabst du mir«

Psalmgebet: EG 730, Psalm 51 »Gott sei mir gnädig«; EG 768, Psalm 130 »Aus der Tiefe«

Bußgebet

Herr, unser Gott und Gott unserer Väter,
vergib uns unser Unrecht.
Lösche unsere Übertretungen aus,
und sieh unsere Sünden nicht an;
wie geschrieben steht:
Ich tilge deine Übertretungen
und gedenke deiner Sünden nicht mehr.
Fülle uns mit deiner Gnade.
Lass uns aufatmen und darüber jubeln,
dass du uns erlösest.
Reinige unsere Herzen,
dass wir dir aufrichtig dienen.
Sei gepriesen, Herr, unser Gott,
der du unsere Schuld und die deines Volkes vergibst.

Nach einem Gebet zum Jom Kippur

Fürbittengebet

Gott Abrahams, Isaaks und Jakobs, Gott Saras, Rebekkas und Leas,
du hast das Volk Israel aus den Völkern erwählt
als Zeichen deiner Liebe,
die größer ist als alles, was wir Menschen haben, sind und vermögen.

Lass dein Volk in Ruhe mit seinen Nachbarn leben.
Lass Frieden und Gerechtigkeit von ihm ausgehen.

Wir bitten dich für alle, die religiöse und politische Macht haben,
in Israel und bei uns:
dass sie nicht ihre eigenen Schäfchen ins Trockene bringen,
sondern denen nützen, die ihnen anvertraut wurden.

Lass sie die Wahrheit ernst nehmen,
die Menschenrechte achten und den Frieden lieben,
damit die Menschen unter ihrer Regierung aufleben
und auch die Nachbarn davon profitieren.

Wir bitten dich für Israelis und Palästinenser,
dass sie Furcht und Hass verlieren
und alle das Lebensrecht der anderen anerkennen.
Gib dem Nahen Osten und der ganzen Welt Frieden.

Vor dir denken wir an die Opfer des Judenhasses
und an die Fremdenfeindlichkeit in unserem Land.

Gib, das wir das Leid, das Christen Juden angetan haben,
nicht verharmlosen und nicht verdrängen,
und lass deine Kirche, trotz ihrer Schuld, immer wieder
zum Werkzeug deiner Liebe werden.

Lass uns erkennen, wie sehr fremde Menschen
unser Leben und unser Volk bereichern können,
und gib uns Zivilcourage, für ihr Recht
und ihr Leben einzutreten, wo immer dies nötig ist.

Wir bitten dich auch für jede und jeden unter uns.

Für die Fröhlichen, dass sie dankbar bleiben.
Für die Traurigen, dass sie getröstet werden.
Für die Müden, dass sie Kraft erhalten.
Für die Starken, dass sie Besonnenheit und Güte lernen.

Stille

Gott, wir glauben. Hilf unserem Unglauben.

Wort zum Eingang

Unter dem Eindruck von Zusammenbruch und Flucht hat der Theologe Paul Schütz notiert: (siehe Kontexte).
»Das Gute, das ich will, tue ich nicht, aber das Böse, das ich nicht will, tue ich«, hat der Apostel Paulus geschrieben und hinzugefügt: »Es muss etwas in mir sein, das mich dazu treibt – wie eine fremde Macht.«
Das ist uns in der Tat nicht unbekannt. Oft ist es, als ob unsere Vernunft

und unser Wille von irgendwoher überrollt würden. Wir wissen, was recht ist, und handeln dennoch ganz anders. Es kommt ebenfalls vor, dass wir uns wechselseitig in ein Netz der Bosheit verstricken. Da gibt ein böses Wort das andere. Ein Lachen am falschen Platz, eine ungeduldige Handbewegung werden Anlass zum Streit. Vorurteile und Misstrauen können die Atmosphäre vergiften. Was aber noch beklemmender ist: Unser Böses liegt oft mitten in unserem Guten. Etwas, das gut gemeint war, kann sich plötzlich als grundfalsch herausstellen. Hohe Ziele schlagen mit einem Mal in ihr Gegenteil um. Die gleiche Charaktereigenschaft vermag an der einen Stelle zu helfen, an der anderen schadet sie.

Wir können der Zeit des Dritten Reiches nicht gedenken, ohne darauf zu verweisen. Es ist eben nicht so, dass durch ein wenig mehr an gutem Willen, durch eine etwas bessere Einsicht, alles hätte verhindert werden können. Dafür gab es zu viel missbrauchte Treue, zu viel betrogene Hoffnung, zu viel unbegreifliche Blindheit, zu viel trügerisches Selbstbewusstsein, das redete sich ein: »Wir werden mit dem allem schon irgendwie fertig werden«.

Doch die Wurzeln des Bösen reichten zu tief.

Ich weiß, dass es schwer ist, davon zu reden. Das passt nicht ins schöne Bild, schon gar nicht in das des aufgeklärten Menschen. Und doch ist es so. Darum sind nicht die klug, die so tun, als ob an allem nur die anderen schuld wären. Hilfreich sind vielmehr diejenigen, die wissen, wozu sie selbst fähig sind. Es werden uns auch nicht die weiterbringen, die den Menschen nur für gut halten. Das tun vielmehr jene, die mit seiner Bosheit rechnen und die ihn doch nicht verachten.

Nun gibt es allerdings ein Geheimnis, das noch tiefer reicht als das unserer Bosheit und unserer Schuld. Das Geheimnis der Liebe Gottes.

Es macht nachdenklich, dass die Erde trotz des vielen Blutes, das sie getrunken hat, noch immer Früchte trägt; dass auch wir selbst aus so manchem wieder herauskamen und so vieles nicht ausbaden mussten.

Wer allerdings über sich und diese Welt zu erschrecken vermag, und wer zugleich gelernt hat, dankbar zu sein, der wird davor bewahrt werden, lediglich andere anzuklagen. Die Vergangenheit ist ja nicht schon dadurch aufgearbeitet, dass wir Schuld zugewiesen haben.

Aus Dankbarkeit und Buße kann nun freilich noch eine andere Haltung wachsen. Die versucht ganz nüchtern und ganz konkret zu tun, was heute nötig ist. Und sie vergisst nicht: Auch wenn die so wichtige Frage nach

Brot und nach Arbeit beantwortet ist, sind die Lebensfragen noch lange nicht gestillt. Dazu bedarf es dessen, der größer ist als wir.

Vorschlag zur Predigt

Möglicher Anfang

Jesus, so sagt das Evangelium, stand auf der Seite der Menschen und kam zugleich ganz von Gott her.

In der Geschichte von seiner Versuchung geht es um die Frage, ob er beides durchhält: seine Nähe zu Gott und die zu den Menschen.

Lukas 4,1-13 lesen.

Natürlich hätte Jesus für sich selbst Steine in Brot verwandeln können, so, wie er später fünftausend Hungrige mit fünf Broten und zwei Fischen genährt hat. Aber er hätte sich damit von denen entfernt, für die es normalerweise keinen zauberhaften Ausweg aus der Not gibt.

Es wäre ebenfalls möglich gewesen, dass sich Jesus von der Zinne des Tempels stürzt und dabei bewahrt bleibt, so, wie er auch vom Kreuz hätte steigen können, um sich zu retten. Aber dann wären die Leidenden weiterhin allein geblieben, und es hätte sich lediglich die Vermutung bestätigt, dass Gott eben doch bei den stärkeren Bataillonen ist.

Und noch etwas. Schon der Gedanke ist faszinierend, dass einer wie Jesus die Macht über die Erde bekommt. Bloß hätte auch dies seinen Preis gehabt. Jesus hätte alles, was ihm bisher wichtig war, aufgeben müssen, eben Gott und die Liebe zu den Menschen.

Wer die Geschichte von Jesu Versuchung recht verstehen will, muss sie vor dem Hintergrund seiner Passion lesen.

Nun erzählt das Evangelium allerdings nicht einfach von irgendwelchen eher zufälligen Versuchungen, in denen sich Jesu Treue erwies. Die drei Szenen enthalten vielmehr so etwas wie die Grundversuchungen der Menschheit: die wirtschaftliche, die politische und die religiöse: Die Versuchung durch das Brot, durch die Macht und durch das Wunder.

Darum gehört das heutige Evangelium nicht nur zum Beginn der Passionszeit, wo es sich normalerweise in unseren Predigtordnungen befindet, sondern auch zum heutigen Tag.

Am 30. Januar 1933 wurde Adolf Hitler zum Reichskanzler des Deut-

schen Reiches ernannt. In der Zeit danach hat man diesen Zeitpunkt als Tag der Machtergreifung gefeiert. Heute wissen wir, dass es die Machtergreifung des Unheils war.
Damals gab es allerdings viele redliche Menschen, die zunächst davon überzeugt waren, dass nun alles besser würde.
Einer, der es erlebt hat, schrieb: »Das war ja die Verführung, dass jedermann dachte, jetzt wissen wir, wie es gut wird und jetzt machen wir's auch.« (Konrad Jutzler in einem Schreiben an den Pfarrkonvent Freiburg)
Lassen Sie uns darum versuchen, die Ereignisse jener Jahre nicht mit dem besserwisserischen Blick derer zu betrachten, die einen Abstand von mehr als einem halben Jahrhundert haben, sondern mit Augen, die geschärft wurden durch unseren Text.

Zum weiteren Verlauf

1. *Die erste Versuchung: Jesus hätte seinen Hunger stillen können.*
Wer sich noch vorstellen kann, was es heißt, Hunger zu leiden, der weiß auch, dass die Frage nach Arbeit und Brot eine der ersten im Leben ist.
Ein Hoch auf jeden Politiker und jede Politikerin, die es fertig bringen, dieses Problem zu lösen. Ihnen gebührt Respekt und Dank. Messiasgestalten sind sie trotzdem noch lange nicht.
Das haben uns gerade die satten Jahre deutlich gemacht. Man kann am Überfluss zugrunde gehen. Es gibt auch den »Tod am Brot allein«. (D. Sölle)
Deshalb können die Aufgaben der Arbeitsbeschaffung und der Nahrungsmittelversorgung unseren ganzen Einsatz fordern. Zu Heilsfragen dürfen sie dennoch nicht werden. Die kennen nämlich keine Kompromisse. Da wird nicht verhandelt und nicht differenziert. Es gibt nur Ja oder Nein, Dafür oder Dagegen.
In den Jahren, die Hitler groß gemacht haben, lebten in unserem Land mehr als 6 Millionen Arbeitslose. Die Versuchung, den zum Heilsbringer auszurufen, der hier die Wende herbeiführen würde, war verständlicherweise groß.
Hitler hat im Übrigen das Seine dazu getan, den Gedanken immer fester in Köpfen und Herzen zu verankern, dass das Heil der Nation an seine Person gebunden sei. Der deutsche Gruß »Heil Hitler« war ein deutliches Zeichen. Es ist wichtig, für Brot zu sorgen, es kann jedoch tödlich sein, darüber zu vergessen, dass es auch anderes im Leben gibt.

Viele damals in den dreißiger Jahren vermochten dies nicht so zu sehen. Vielleicht war ihr Hunger zu groß.
Wie aber steht es mit uns? Sind wir nicht fast noch stärker davon überzeugt, wenn der Lebensstandard steigt, steige auch der Lebenssinn? Spüren wir nicht ebenfalls, wie verlogen und leer ein Leben wird, wenn nur das zählt, was den Magen füllt?

2. Die zweite Versuchung: Jesus hätte die Macht haben können.
»Wer in dieser Welt Macht, und wer sie bedingungslos haben will, der muss sie anbeten und fürchten. Es gibt nichts Furchterregenderes, aber auch nichts Furchtsameres unter der Sonne, als diejenigen, deren Lebenszweck es geworden ist, Macht zu besitzen. Hätte Jesus das Angebot angenommen, läge das Heil in der irdischen Macht, die Heilsfrage wäre eine Machtfrage. Der Kampf ums Dasein wäre als Heilsweg zu lehren.« (Jutzler)
Für Hitler ist dies in der Tat so gewesen. Darum haben er und seine Partei auf ihren Altären Menschenopfer, Millionen Menschenopfer, dargebracht.
Was schon seit Jahrtausenden überwunden schien, hat der totalitäre, sich vergottende Staat wieder und wieder verlangt: Das Blutopfer seiner Bürger.
Nun gilt für die Frage nach der Macht Ähnliches wie für die nach dem Brot. Auch sie besitzt einen hohen Rang.
Wer schützen soll, muss Macht haben; wer ordnen und helfen will desgleichen. Aber auch hier wird alles ins Gegenteil verkehrt, wenn die Macht nicht nur eine wichtige, sondern eine absolute Position erhält, wenn sie das Erste und das Letzte im Leben wird.
Wer Macht hat, hat jedoch keine Macht aus sich, besitzt sie auch nicht für sich, sondern muss sie verantworten. Wer Macht hast, muss Rechenschaft ablegen: vor dem Ursprung des Lebens, vor dem Geber aller Gaben, vor Gott.
Weil Jesus darum wusste, konnte er der Versuchung widerstehen. Ja, er konnte sich sogar aller Macht entäußern, um in der Ohnmacht am Kreuz die Kraft der Liebe sichtbar zu machen. Ohne Liebe aber, ohne die Bereitschaft zu dienen und zu helfen, ist keine Macht wirklich das, was sie vor Gott sein soll. Sie ist auch nicht das, was dem Menschen nützt. Ich denke, dass wir dies nie genug buchstabieren können, auch

und gerade in Zeiten des Wahlkampfes. Es geht hier nicht um Glaubenskriege, sondern um Machterwerb und um zu verantwortenden Umgang mit ihr.

3. Die dritte Versuchung: Jesus hätte seine Zeitgenosen faszinieren können.
Er hätte die Möglichkeit gehabt, ihnen ein für alle Mal zu zeigen, dass ihm unsichtbare Kräfte gehorchen. Das Wunder hätte sie vermutlich angezogen. Ihm aber wäre dadurch bestätigt worden, dass er Zugang hat, zu den Geheimnissen hinter den Dingen.
Das Naziregime hat darauf großen Wert gelegt.
Konrad Jutzler, der Zeitzeuge und Kirchenmann, schrieb: »Hitler war abergläubig und wundersüchtig. Nicht zufällig hat das Dritte Reich sich noch und noch seiner Erfolge als der sichtbaren Beweise, als der Wunderzeichen dafür gerühmt, dass die Vorsehung mit seinen Plänen und Taten sei. Schrecklich hat sich dann der wahre Gott und Herr der Geschichte diesen vermeintlichen Beweisen entzogen, und entsetzlich war es auch, mit welcher Verbissenheit Hitler bis zuletzt auf das rettende Wunder gewartet und es geradezu von der Vorsehung gefordert hat.«
Jesus widerstand auch dieser Versuchung. Er machte aus dem Vertrauen zu Gott keine Demonstration seiner eigenen Kraft. Er benutzte das Schriftwort, an welches ihn der Versucher erinnerte, nicht, um damit seinen Anspruch gegen Gott durchsetzen. Er wusste, dass Gottes Versprechen »Ich wil dich behüten« ein Geschenk ist. Das wird er einlösen, aber zu seiner Zeit.
Und Gott hat es getan ... am Ostermorgen.

Möglicher Schluss

Wir haben die Versuchungsgeschichte Jesu betrachtet. Dabei sollte deutlich werden, dass wir wie viele Menschen versuchbar sind. Im Gegensatz zu Jesus laufen wir Gefahr, uns, unsere Möglichkeiten und unsere Wünsche an die wichtigste Stelle zu setzen. Auch wir drohen, Gott zum Mittel für unsere Zwecke zu machen, oder ihn für überflüssig zu erklären.
Diese Versuchung ist nicht aus unseren Möglichkeiten allein zu bestehen. »Der Mensch, der sich nur an Ideale, an Moral, an seinen guten Willen meinte halten zu können, dieser Mensch kam damals zu Fall.« (Jutzler)
Darum ist es wichtig zu wissen, dass Jesus selbst in der Versuchung war. Wenn uns einer beistehen kann, dann er. Denn was auch immer unser

Leben bedrängt, was immer uns zu schaffen macht – er kennt es und er ist stärker.
In einem der letzten Briefe an seine Frau schrieb Helmut Graf Moltke, der im Jahre 1945 vom Volksgerichtshof zum Tode verurteilt worden war: »Selbst auf die Gefahr hin, dass das hysterisch klingt: Ich bin so voll Dank. Eigentlich ist für nichts anderes Platz. Er hat mich die zwei Tage so fest und so klar geführt: Der ganze Saal hätte brüllen können wie der Herr Freisler und sämtliche Wände hätten wackeln können, und es hätte mir gar nichts gemacht. Es war wahrscheinlich so, wie es in Jesaja 43,2 heißt: Denn so du durch Wasser gehst, will ich bei dir sein, dass dich die Ströme nicht sollen ersäufen; und so du ins Feuer gehst, sollst du nicht brennen, und die Flamme soll dich nicht versengen.« Ja, liebe Gemeinde, auch das ist möglich: gestärkt zu werden – nicht aus den eigenen Reserven –, wohl aber aus Gottes Kraft. Und dann hinzugehen, um ganz nüchtern, aber auch ganz entschlossen zu tun, was heute getan werden muss.

Kontext

»Bitte prüfen Sie einmal das Heer der Leiden durch. Hunger, Seuchen, ... Menschenraub, Plünderung, Massenverschleppung, Massenschändung, Massenaustreibung, Massenhinrichtung ... steht nicht überall die Urheberschaft des Menschen dahinter? Die Erde ist ein einziges weit geöffnetes Maul geworden, aus dem Abels Blut nach Sühne schreit. Aufschrei gegen Kain, den Menschenbruder. Der Mensch - das Maß? nein, der Mensch - das Unmaß.
Seltsam, während alle Lüfte tönen von Humanität und Apotheosen des Menschen, bricht durch den Menschen hindurch, bricht durch diesen vergotteten Menschen hindurch eine Flut von Zerstörungsmächten in den Kosmos herauf, in den Geschichtsraum hinein. Ein Ereignis, das uns auf der ganzen Linie vor das Geheimnis einer unbekannten, unbewältigten, durch und durch rätselvollen Wirklichkeit stellt. Es ist die wahre Wirklichkeit der Welt.«

Paul Schütz, Warum ich noch ein Christ bin, Hamburg 1969, Seite 57

Diese Sätze führen ins Zentrum. Sie rühren zugleich an eines der tiefsten Geheimnisse des Menschen: das Geheimnis des Bösen.

Themen und Motive

Die Autorinnen und Autoren

Pfarrer Hans Hermann Blettgen, Essen; Pfarrer Wolfram Braselmann, Rehburg-Loccum; Pfarrer Klaus Eulenberger, Rellingen; Pfarrer Klaus Guhl, Flensburg; Pfarrer Dr. Dieter Heidtmann, Crailsheim; Pfarrer Bernhard von Issendorff, Wiesbaden; Pfarrerin Jutta Konowalczyk-Schlüter, Bremen; Pfarrer Heinz-Martin Krauß, La Paz; Pfarrer Claus Marcus, Berlin; Pfarrerin i. R. Dorothee Münkner; Hannover; Pfarrer Michael Rambow, Seevetal-Ramelsloh; Propst i. R. Karl Heinz Ronecker, Kirchzarten-Burg; Pfarrerin Susanne Schildknecht, Recklinghausen; Pfarrer Christoph Schmidt-Ehmcke, Münster; Pfarrer Arno Schmitt, Mannheim; Pfarrerin Dr. Roselies Taube, Lübeck; Pfarrerin Christel Weber, Borchen; Pfarrerin Anke Zimmermann, Diemelsee-Flechtdorf